컴·퓨·터·적·사·고·력을 길러주는

아주 쉬운 코딩 놀이수학 ①

청송문화사

차례

아주 쉬운 코딩 놀이수학 ❷

1. 바둑돌 놓기
2. 무늬 블록 돌리기
3. 암호문 풀기
4. 코딩 모양 타일
5. 순서도
6. 비행기 놀이

컴·퓨·터·적·사·고·력 을 길러주는

아주 쉬운
코딩 놀이수학 ①

차례

1. **이진법 알기**

2. **이진법 비밀 카드**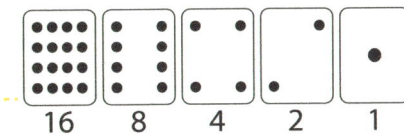

3. **숫자로 그림 그리기**

4. **짝수의 비밀**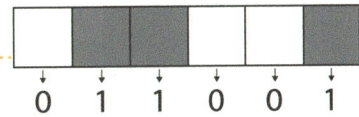

5. **정렬 네트워크**

6. **학교 가기**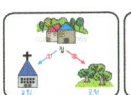

놀이가 곧 교육입니다

아주 쉬운 코딩 놀이는 23가지 언플러그드 활동 중심 코딩 보드 게임 교사용 안내서입니다.

아주 쉬운 코딩 놀이

1. 카드 놀이
 이진법 카드 놀이·········12
 이진법 비밀 카드·········17
 숫자 가리기 놀이·········20
 숫자 퍼즐 놀이 ·········31

2. 숫자 놀이
 숫자로 그림 그리기·······36
 짝수의 비밀 ·········43
 리버시 게임 ·········48
 마음속의 숫자 ·········51

3. 네크워크 놀이
 정렬 네크워크 ·········54
 학교 가기 ·········61
 강 건너기 ·········72

4. 전략 놀이
 바둑돌 놓기 ·········82
 바둑돌 자리 바꾸기·······87
 님게임 ·········94

5. 퍼즐 놀이
 무늬 블록 돌리기·········98
 9조각 퍼즐 ·········100
 3D 입체 영상 ·········104

6. 암호 놀이
 암호문 만들 ·········10
 코딩 모양 타일 ·········11

7. 순서도 놀이
 순서도 놀이 ·········13

8. 명령어 놀이
 비행기 놀이 ·········14
 공놀이 ·········14
 개미 놀이 ·········14

처음 시작하는 언플러그드 코딩놀이

아주 쉬운 코딩 놀이수학

이진법 알기

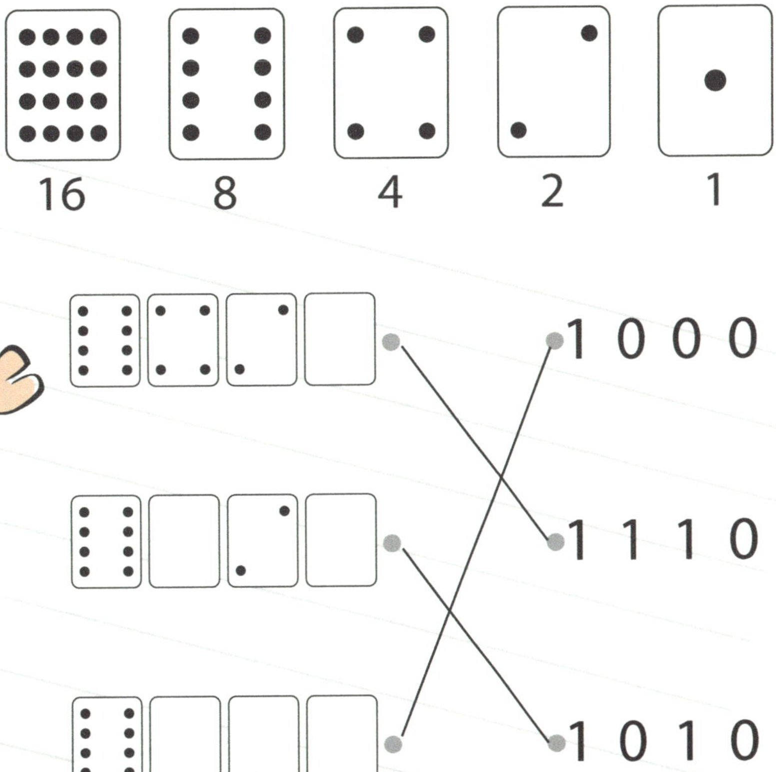

- 이진수란 0과 1로 이루어진 숫자입니다.

$$1$$
$$10$$
$$101$$
$$1000$$
$$10001$$

- 십진수를 이진수로 나타낸 것을 알아보시오.

0 ⟶ 0

1 ⟶ 1

2 ⟶ 10

3 ⟶ 11

4 ⟶ 100

5 ⟶ 101

● 이진수를 점으로 나타낸 카드를 알아보시오.

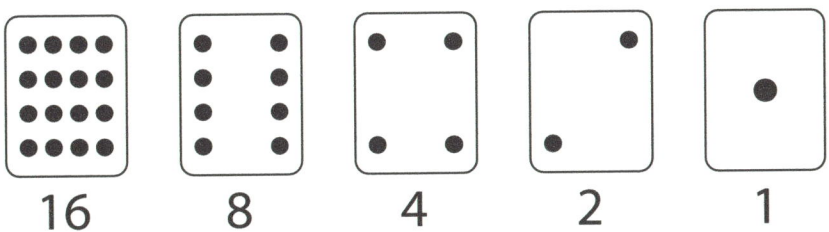

● 십진수를 이진수 점카드로 나타낸 것을 알아보시오.

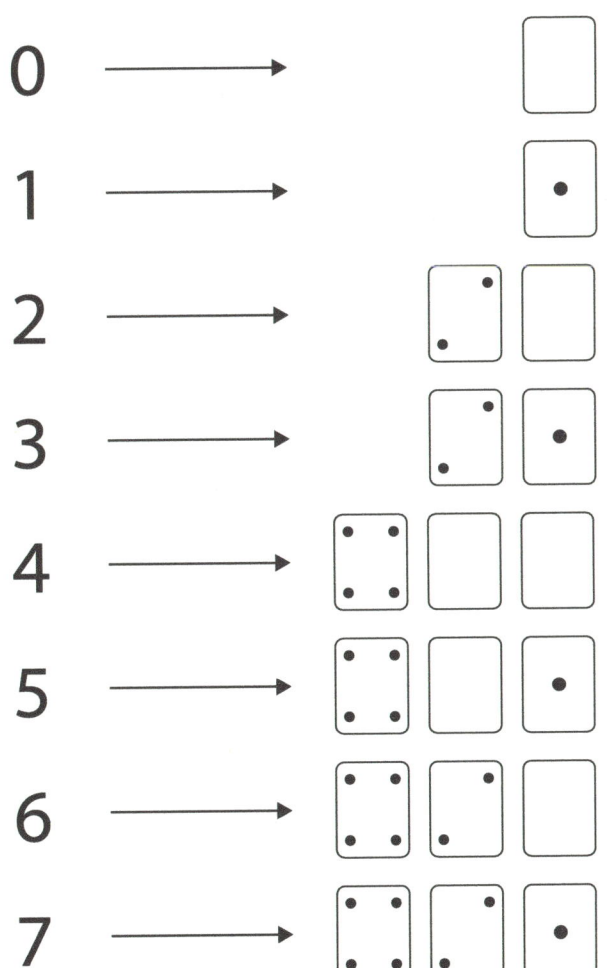

● 이진수 점카드를 십진수와 연결하시오.

- 이진수 점카드를 십진수와 연결하시오.

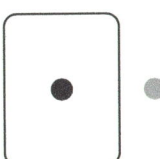   • 　　　　　• 5

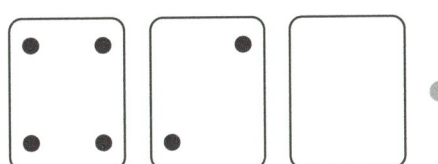   •　　　　　• 1

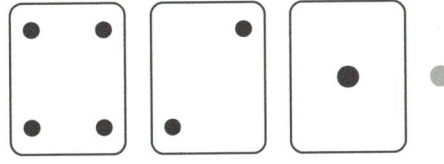   •　　　　　• 6

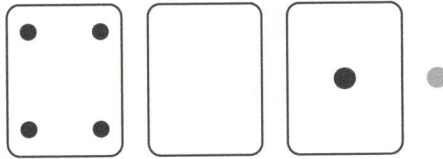   •　　　　　• 7

● 이진수 점카드를 십진수와 연결하시오.

   • 4

   • 6

• 3

   • 8

● 이진수 점카드는 점이 있으면 1로 나타내고 점이 없으면 0으로 표시합니다.

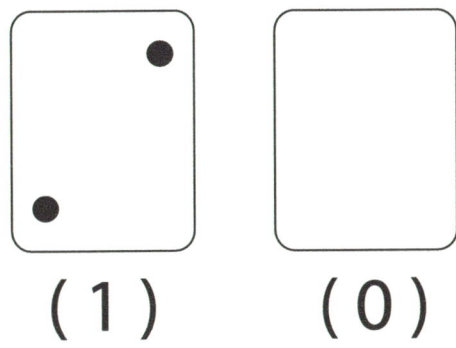

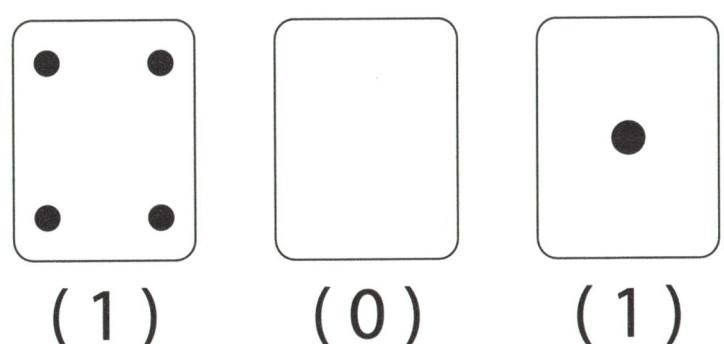

● 이진수 점카드에 점이 있으면 1, 점이 없으면 0을 쓰시오.

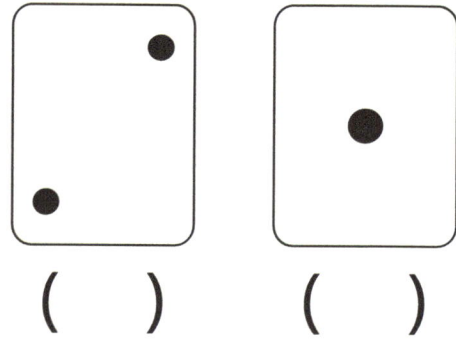

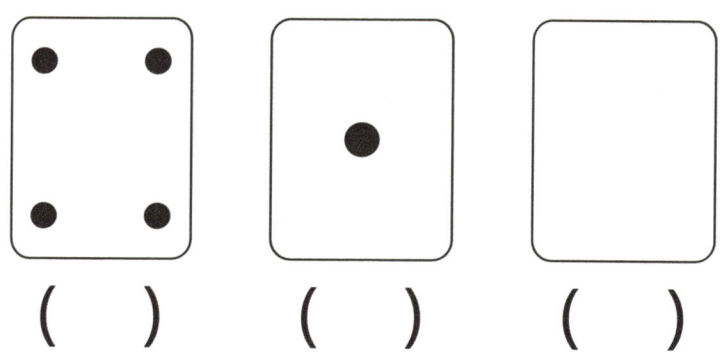

● 이진수 점카드에 점이 있으면 1, 점이 없으면 0을 쓰시오.

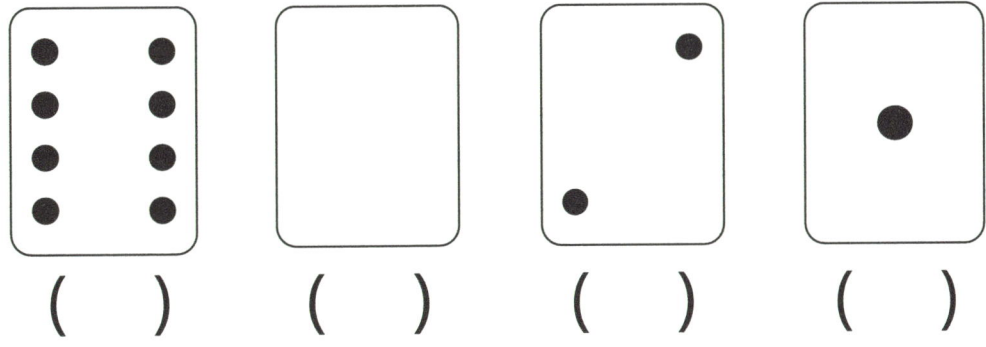

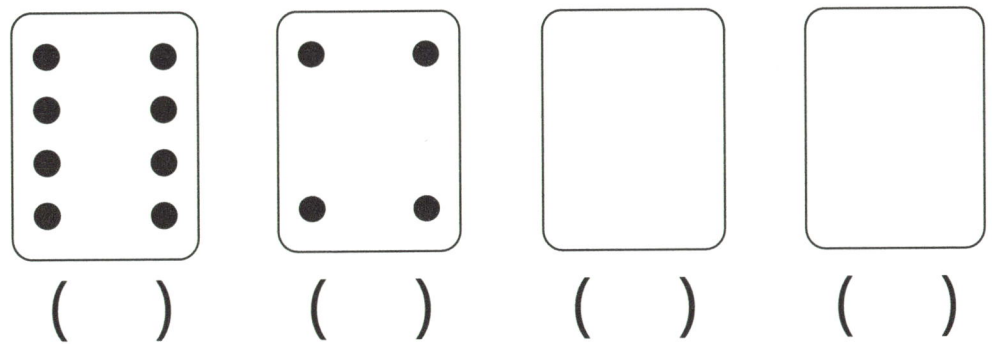

● 점카드와 숫자를 맞게 연결하시오.

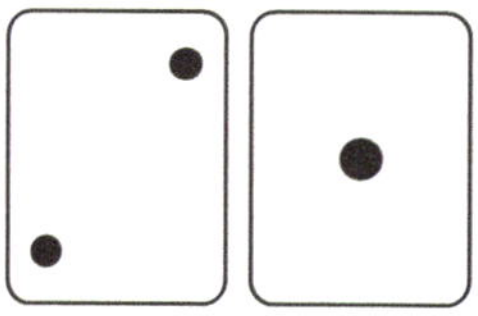

1 0

1 1 0

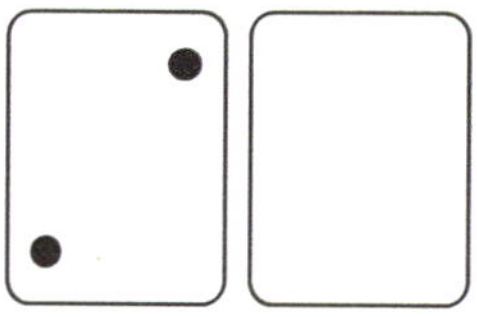

1 0 0

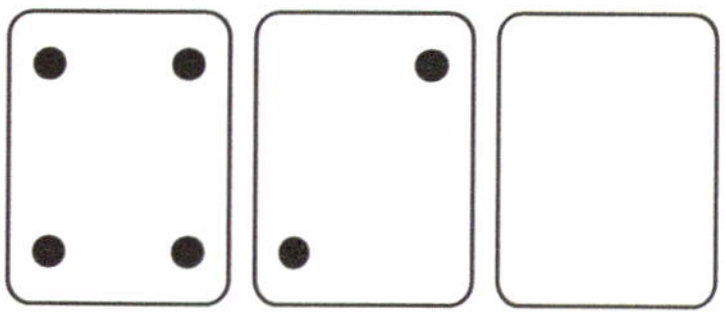

1 1

1 0 1

● 점카드와 이진수, 십진수의 관계를 알아보시오.

점카드	이진수	십진수
	1 0	2
	1 1	3
	1 0 0	4
	1 0 1	5
	1 1 0	6

● 점카드와 이진수를 연결하시오.

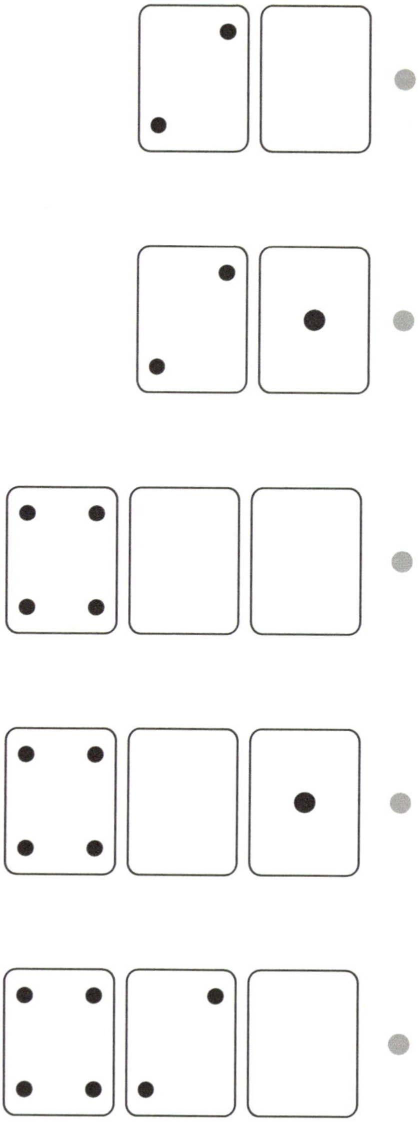

· 1 0 1

· 1 0 0

· 1 1 0

· 1 0

· 1 1

● 점카드와 이진수를 연결하시오.

 ● 　　　● 1 0 0 1

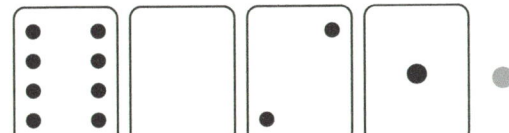 ● 　　　● 1 0 1 1

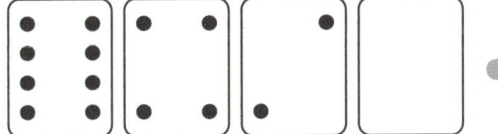 ● 　　　● 1 0 0 0

 ● 　　　● 1 1 1 0

 ● 　　　● 1 0 1 0

● 이진수와 십진수를 연결하시오.

1 •   • 0

10 •   • 1

11 •   • 2

0 •   • 3

● 이진수와 십진수를 연결하시오.

1 1 1 •　　　　　• 4

1 0 0 •　　　　　• 5

1 1 0 •　　　　　• 6

1 0 1 •　　　　　• 7

해답

4쪽
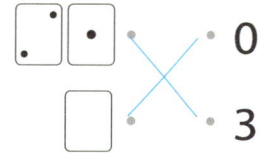
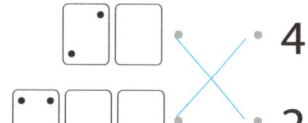

0
3
4
2

5쪽
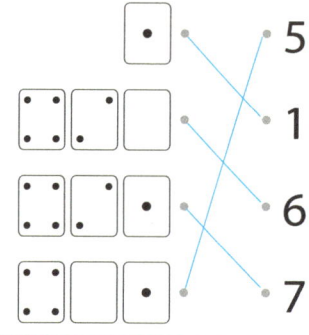

5
1
6
7

6쪽
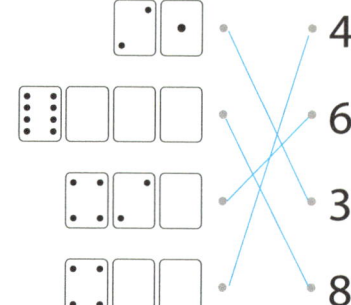

4
6
3
8

8쪽
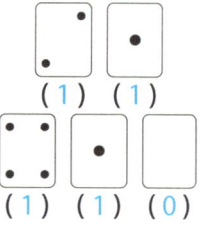

(1) (1)
(1) (1) (0)

9쪽
(1) (0) (1) (1)
(1) (1) (0) (0)

10쪽
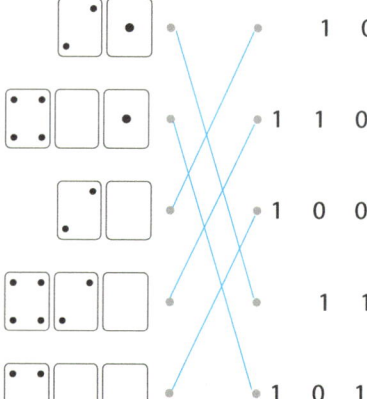

1 0
1 1 0
1 0 0
1 1
1 0 1

12쪽
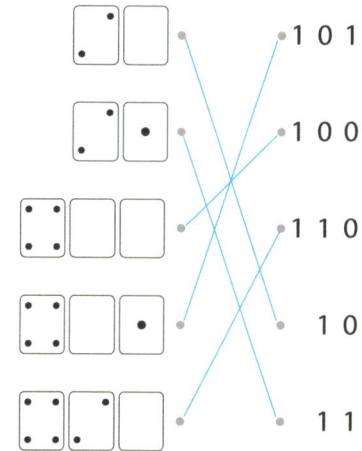

1 0 1
1 0 0
1 1 0
1 0
1 1

13쪽
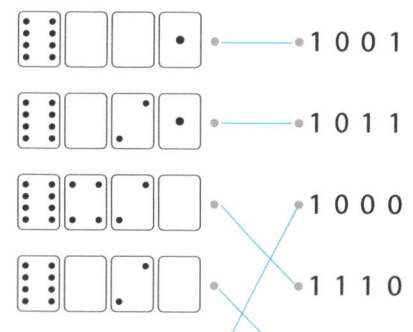

1 0 0 1
1 0 1 1
1 0 0 0
1 1 1 0
1 0 1 0

14쪽
1 — 0
10 — 1
11 — 2
0 — 3

15쪽
111 — 4
100 — 5
110 — 6
101 — 7

처음 시작하는 언플러그드 코딩놀이

아주 쉬운
코딩 놀이수학

이진법 비밀 카드

● 이진법 비밀 카드를 관찰하시오.

1	3	5	7
9	11	13	15
17	19	21	23
25	27	29	31

2	3	6	7
10	11	14	15
18	19	22	23
26	27	30	31

4	5	6	7
12	13	14	15
20	21	22	23
28	29	30	31

8	9	10	11
12	13	14	15
24	25	26	27
28	29	30	31

16	17	18	19
20	21	22	23
24	25	26	27
28	29	30	31

5장의 이진법 비밀 카드는 위와 같은 숫자 배열을 하고 있습니다.
마음속으로 비밀 숫자를 정한 후 그 숫자가 포함되어 있는 카드의 첫번째 숫자를 모두 더하면 마음속으로 정한 숫자가 됩니다.

- 3이 있는 카드에 ○표 하시오.

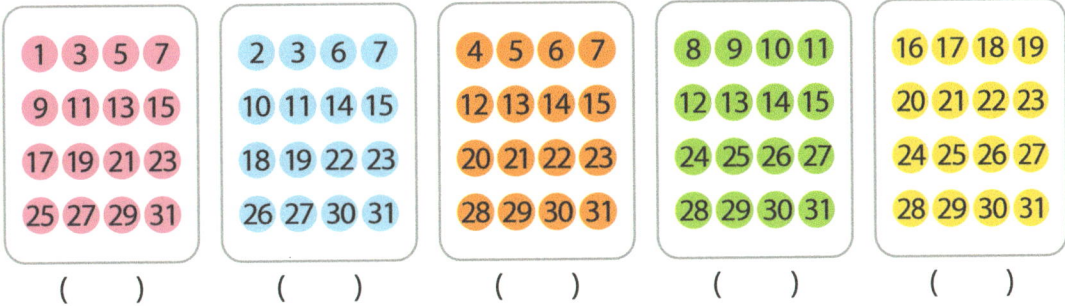

- 3이 있는 카드의 맨 앞 숫자에 ○표 하시오.

1   2   4   8   16
( ) ( ) ( ) ( ) ( )

- 아래 숫자를 더하시오.

$$1 + 2 = (\quad)$$

- 9가 있는 카드에 ○표 하시오.

1 3 5 7 9 11 13 15 17 19 21 23 25 27 29 31	2 3 6 7 10 11 14 15 18 19 22 23 26 27 30 31	4 5 6 7 12 13 14 15 20 21 22 23 28 29 30 31	8 9 10 11 12 13 14 15 24 25 26 27 28 29 30 31	16 17 18 19 20 21 22 23 24 25 26 27 28 29 30 31
(　)	(　)	(　)	(　)	(　)

- 9가 있는 카드의 맨 앞 숫자에 ○표 하시오.

　1　　　2　　　4　　　8　　　16
(　)　(　)　(　)　(　)　(　)

- 아래 숫자를 더하시오.

1＋8＝(　　)

● 11이 있는 카드에 ○표 하시오.

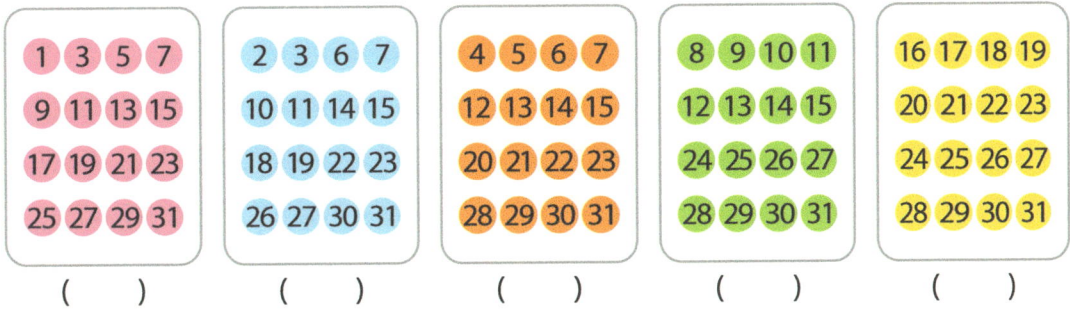

( )　　( )　　( )　　( )　　( )

● 11이 있는 카드의 맨 앞 숫자에 ○표 하시오.

1　　2　　4　　8　　16
( )　( )　( )　( )　( )

● 아래 숫자를 더하시오.

1+2+8=( )

- 26이 있는 카드에 ○표 하시오.

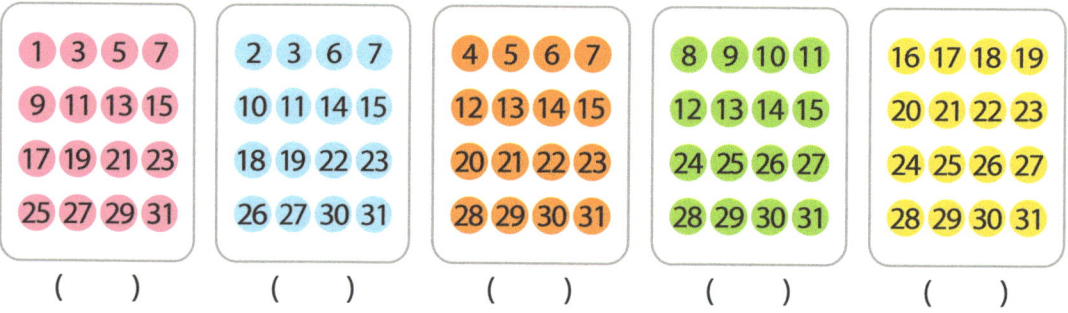

( )　　( )　　( )　　( )　　( )

- 26이 있는 카드의 맨 앞 숫자에 ○표 하시오.

1　　2　　4　　8　　16
( )　　( )　　( )　　( )　　( )

- 아래 숫자를 더하시오.

2+8+16=(　　)

● 17이 있는 카드에 ○표 하시오.

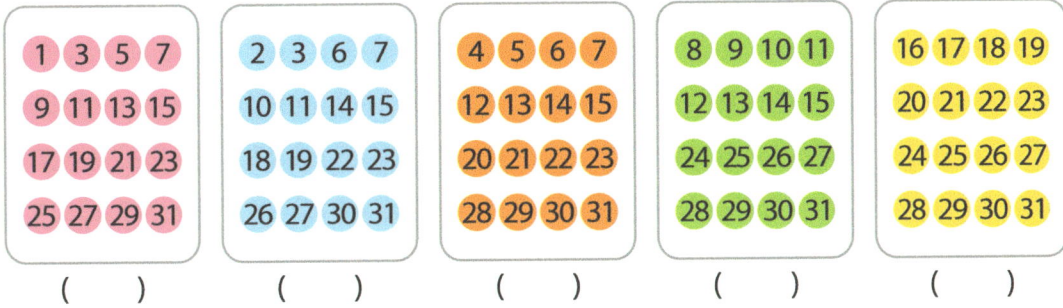

( )　　( )　　( )　　( )　　( )

● 26이 있는 카드의 맨 앞 숫자에 ○표 하시오.

1　　2　　4　　8　　16
( )　( )　( )　( )　( )

● 아래 숫자를 더하시오.

1+16=( )

- 20이 있는 카드에 ◯표 하시오.

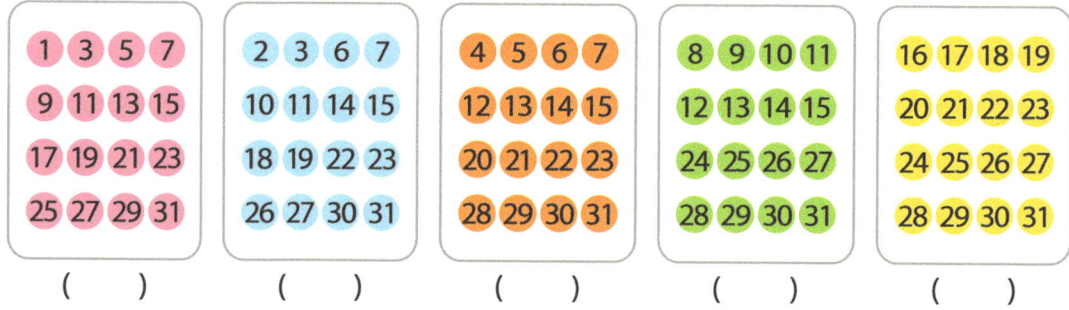

( )　　( )　　( )　　( )　　( )

- 20이 있는 카드의 맨 앞 숫자에 ◯표 하시오.

$$1 \qquad 2 \qquad 4 \qquad 8 \qquad 16$$

( )　　( )　　( )　　( )　　( )

- 아래 숫자를 더하시오.

$$4 + 16 = (\quad)$$

- 13이 있는 카드에 ○표 하시오.

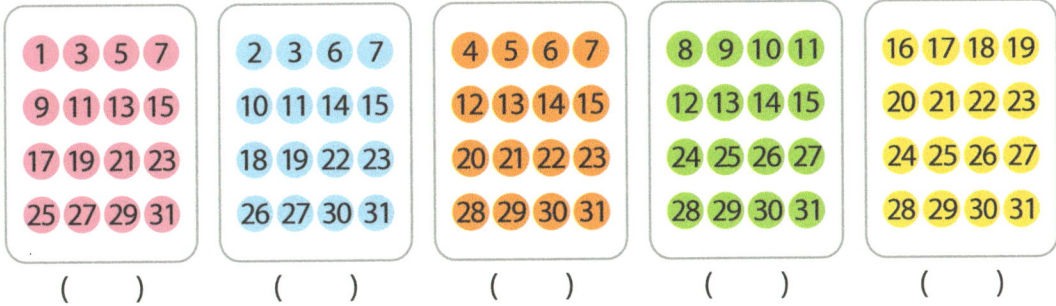

( ) ( ) ( ) ( ) ( )

- 13이 있는 카드의 맨 앞 숫자에 ○표 하시오.

1　　2　　4　　8　　16
( )　( )　( )　( )　( )

- 아래 숫자를 더하시오.

1+4+8=(　　)

● 아래 ○표 한 카드는 비밀 숫자가 숨어 있는 카드입니다.

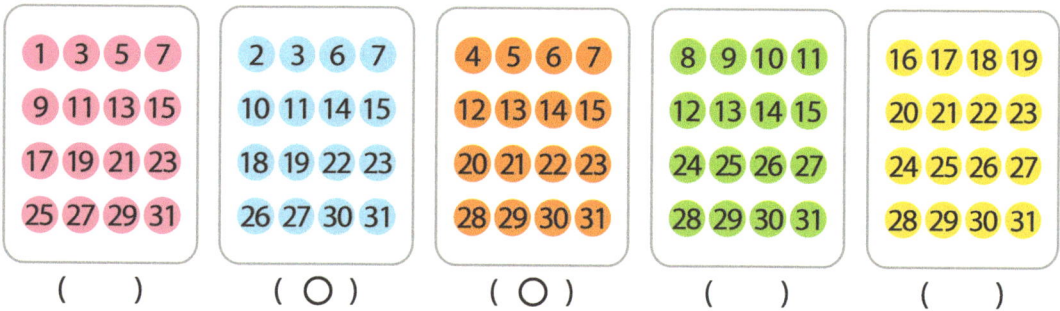

● 위의 카드에서 비밀 숫자는 무엇이었을까요? 아래 빈칸을 채워 보시오.

$$(\ 2\ )+(\ 4\ )=(\ 6\ )$$

● 아래 ○표 한 카드는 비밀 숫자가 숨어 있는 카드입니다.

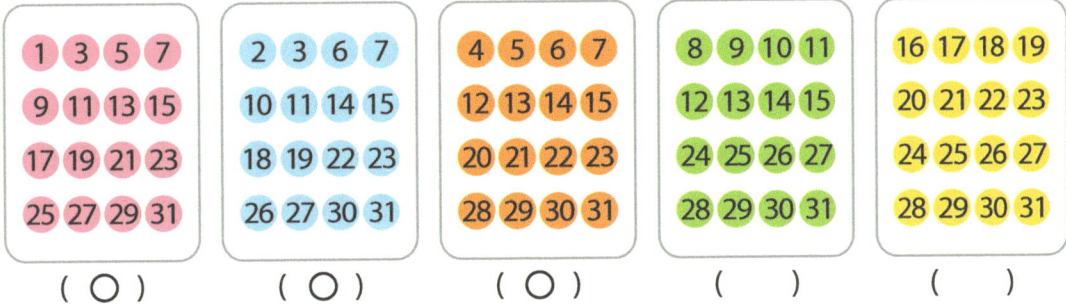

● 위의 카드에서 비밀 숫자는 무엇이었을까요? 아래 빈칸을 채워 보시오.

$$(\quad)+(\quad)+(\quad)=(\quad)$$

● 아래 ○표 한 카드는 비밀 숫자가 숨어 있는 카드입니다.

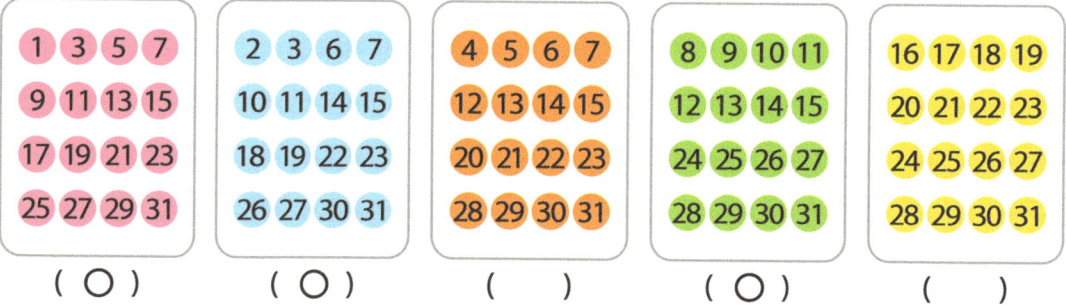

● 위의 카드에서 비밀 숫자는 무엇이었을까요? 아래 빈칸을 채워 보시오.

( )+( )+( )=( )

● 아래 ○표 한 카드는 비밀 숫자가 숨어 있는 카드입니다.

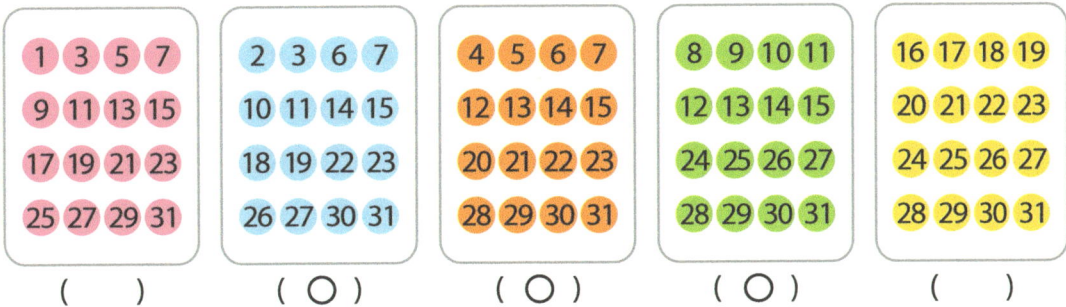

● 위의 카드에서 비밀 숫자는 무엇이었을까요? 아래 빈칸을 채워 보시오.

( )＋( )＋( )＝( )

● 아래 ○표 한 카드는 비밀 숫자가 숨어 있는 카드입니다.

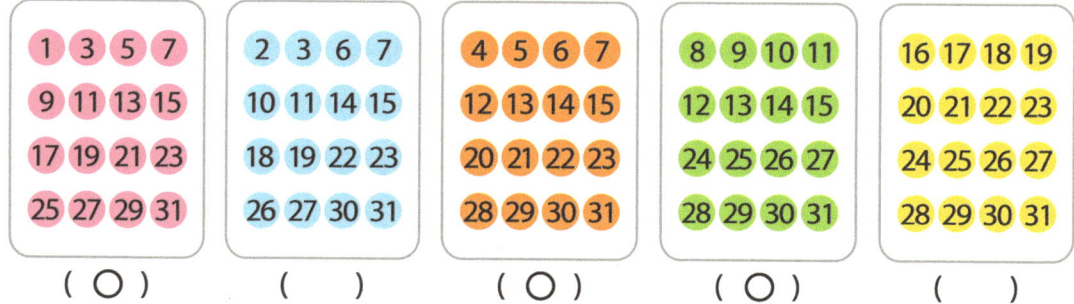

● 위의 카드에서 비밀 숫자는 무엇이었을까요? 아래 빈칸을 채워 보시오.

$$(\quad)+(\quad)+(\quad)=(\quad)$$

- 이진법 비밀 카드는 2장에서는 3이하, 3장에서는 7이하, 4장에서는 15이하, 5장에서는 31이하의 수를 맞추는 놀이를 할 수 있습니다.

해답

3쪽
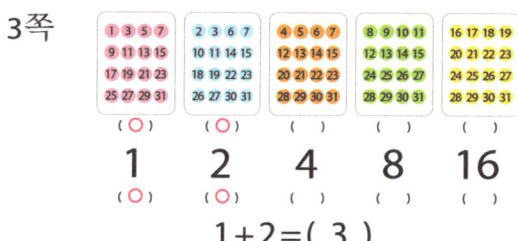
1+2=(3)

4쪽
1+8=(9)

5쪽
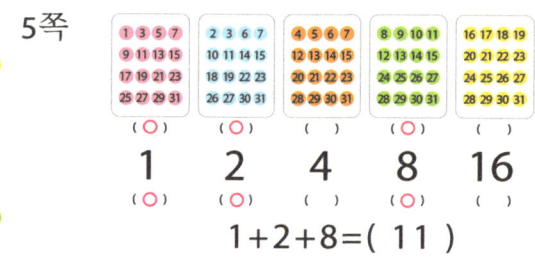
1+2+8=(11)

6쪽
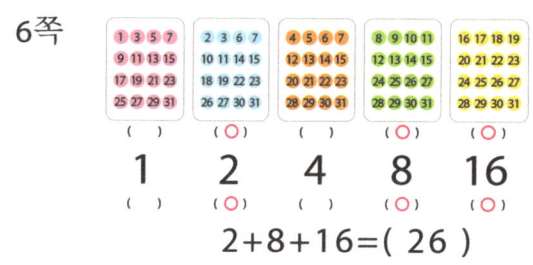
2+8+16=(26)

7쪽
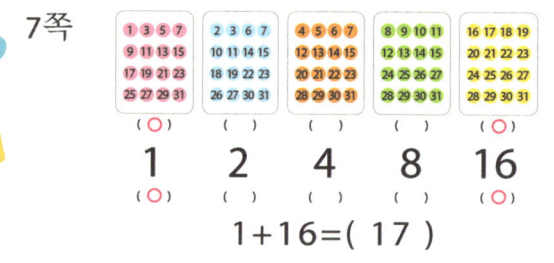
1+16=(17)

8쪽
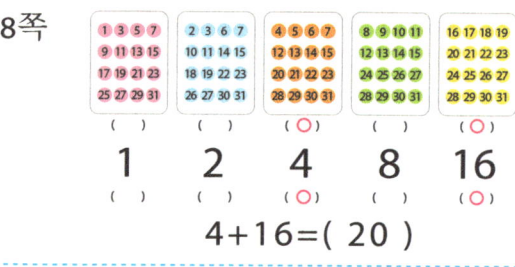
4+16=(20)

9쪽
1+4+8=(13)

10쪽
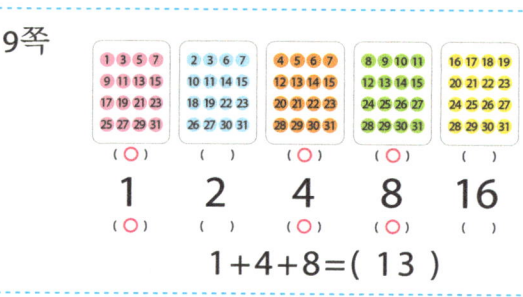
(2)+(4)=(6)

11쪽
(1)+(2)+(4)=(7)

12쪽
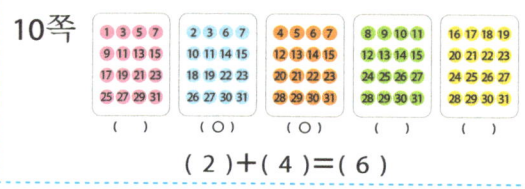
(1)+(2)+(8)=(11)

13쪽
(2)+(4)+(8)=(14)

14쪽
(1)+(4)+(8)=(13)

처음 시작하는 언플러그드 코딩놀이

아주 쉬운 코딩 놀이수학

숫자로 그림 그리기

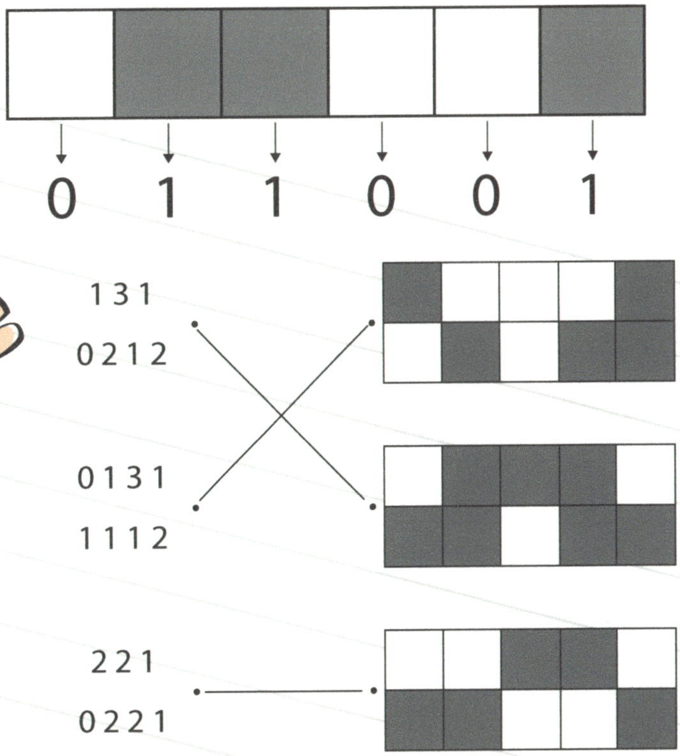

- 컴퓨터 화면은 작은 사각형으로 이루어져 있습니다. 신호에 따라서 사각형에 검은색 또는 흰색을 표현할 수 있습니다.

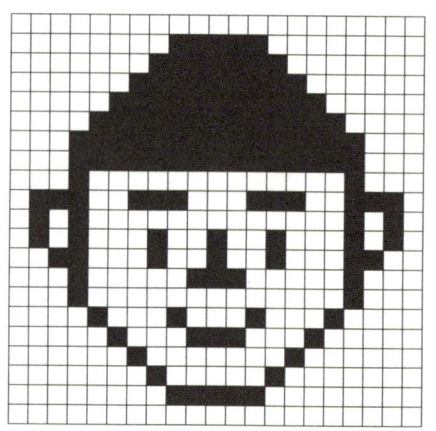

- 숫자 0은 흰색을, 숫자 1은 검은색의 신호를 나타냅니다.

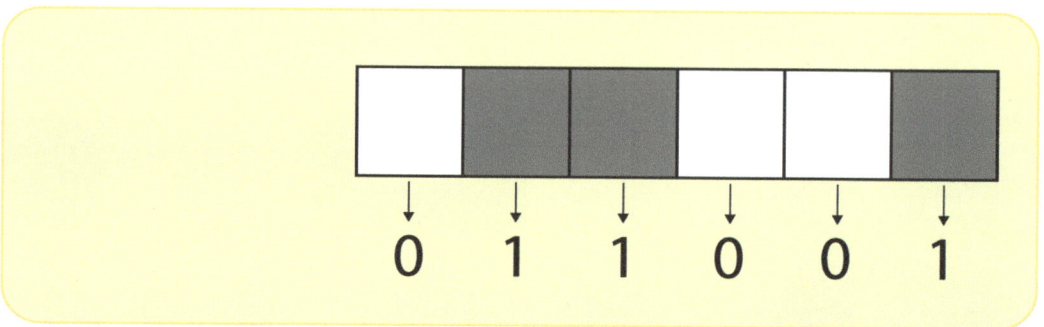

● 숫자 신호와 색칠된 표시를 맞게 연결하시오.

10011 •　　　•

11100 •　　　•

01100 •　　　•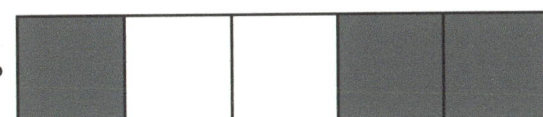

● 숫자 신호와 색칠된 표시를 맞게 연결하시오.

00111 •　　　　　•

11001 •　　　　　•

00110 •　　　　　•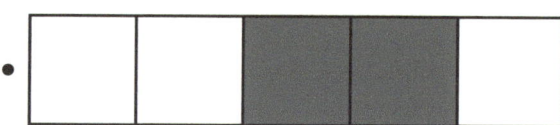

- 숫자 신호와 색칠된 표시를 맞게 연결하시오.

01010 ·   ·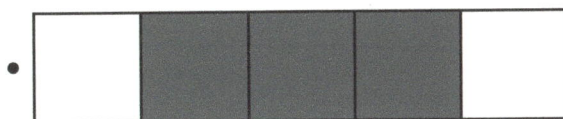

10101 ·   ·

01110 ·   ·

● 숫자 신호와 색칠된 표시를 맞게 연결하시오.

01010
11011   •

•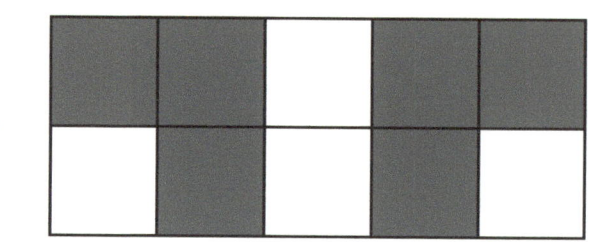

11011
01010   •

•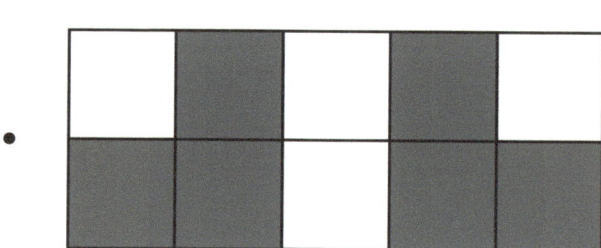

10001
11011   •

•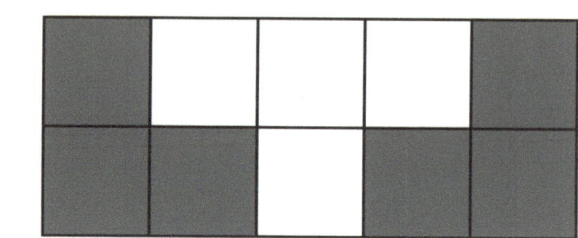

● 숫자 신호와 색칠된 표시를 맞게 연결하시오.

1 0 1 1 1
0 1 1 0 0   •   •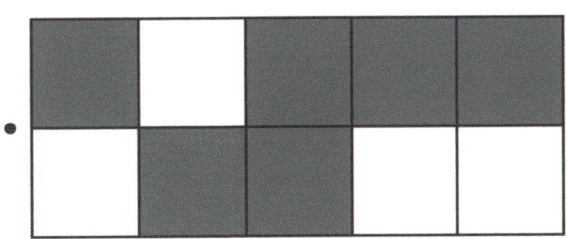

1 0 1 1 0
0 1 0 0 1   •   •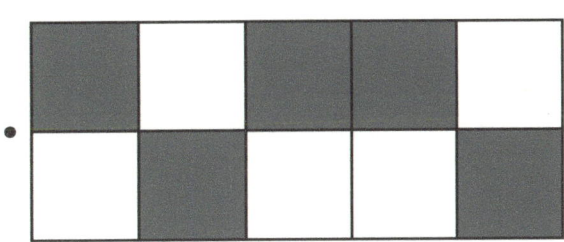

0 1 0 0 1
1 0 1 1 0   •   •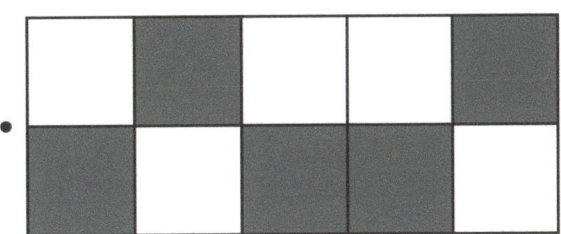

● 숫자 신호와 색칠된 표시를 알아보시오.

컴퓨터는 많은 양의 자료를 압축하여 간단히 표시할 수 있습니다.
아래 규칙은 흰색과 검은색의 사각형의 개수를 숫자로 줄여서 나타냈습니다.

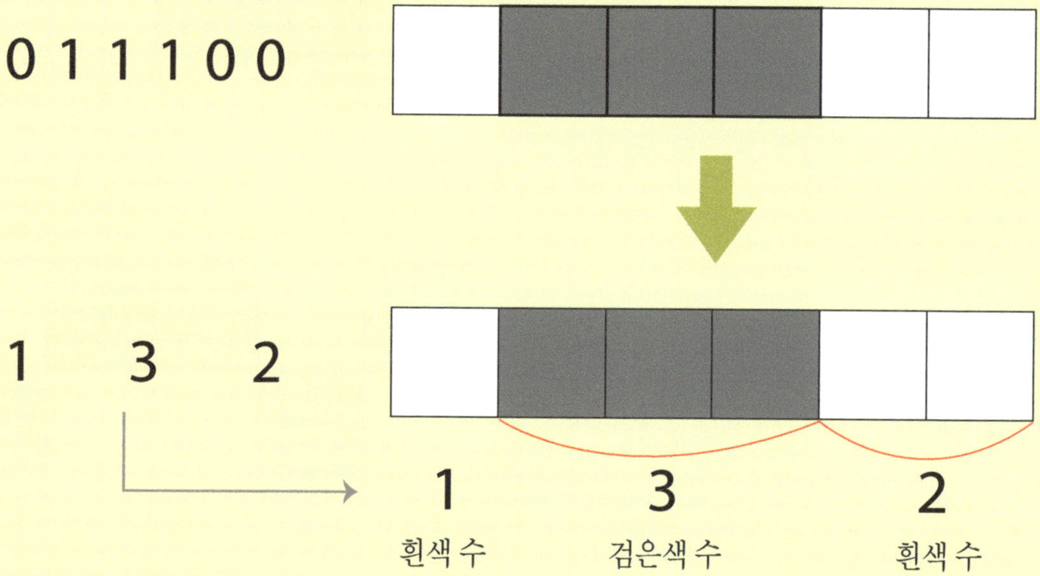

0 1 1 1 0 0

1 3 2

1 흰색 수   3 검은색 수   2 흰색 수

첫번째 숫자부터 흰색의 개수, 다음 숫자는 검은색 개수가 번갈아 반복됩니다.
(단, 항상 흰색 사각형의 수부터 표시해야합니다.)

● 숫자 신호와 색칠된 표시를 알아보시오.

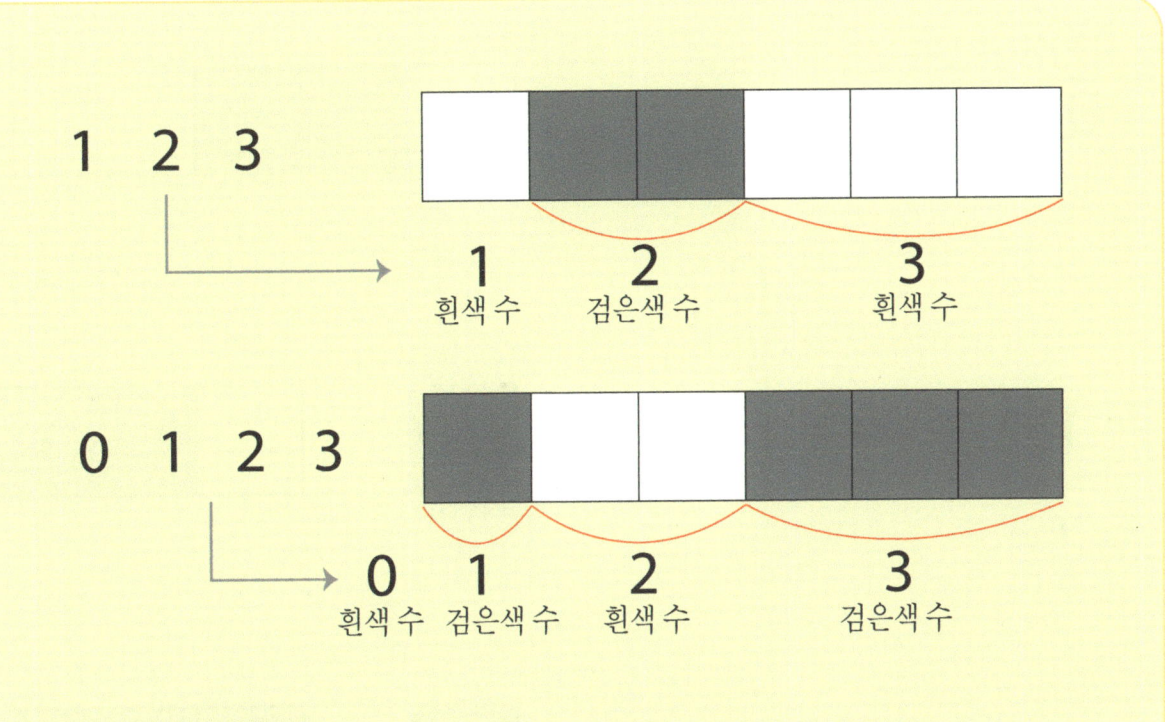

첫번째 숫자부터 흰색의 개수, 다음 숫자는 검은색 개수가 번갈아 반복됩니다.
(단, 항상 흰색 사각형의 수부터 표시해야 합니다. 흰색이 없을 때에는 0을 써서 표시하고 검은색부터 시작합니다.)

● 숫자 신호와 색칠된 표시를 맞게 연결하시오.

0 1 2 2 •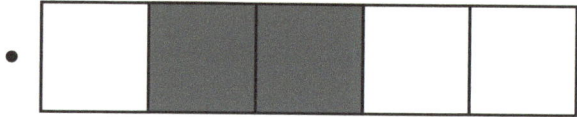

1 2 2 •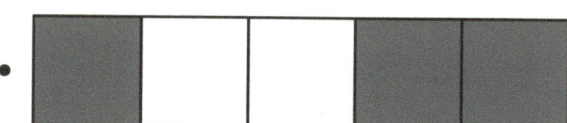

0 1 1 3 •

● 숫자 신호와 색칠된 표시를 맞게 연결하시오.

0 2 3   •

1 4   •

0 1 4   •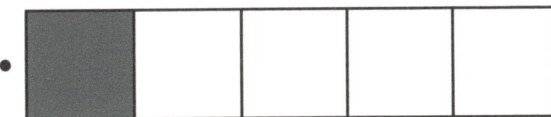

● 숫자 신호와 색칠된 표시를 맞게 연결하시오.

1 3 1
0 2 1 2 •

•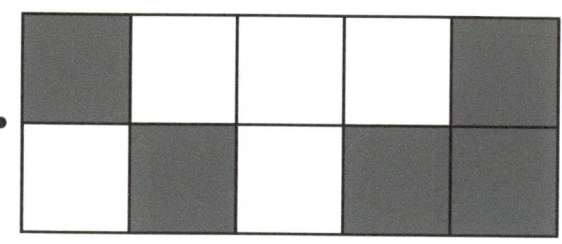

0 1 3 1
1 1 1 2 •

•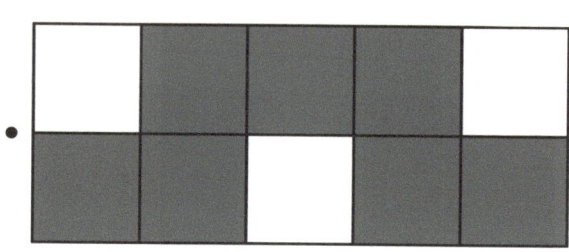

2 2 1
0 2 2 1 •

•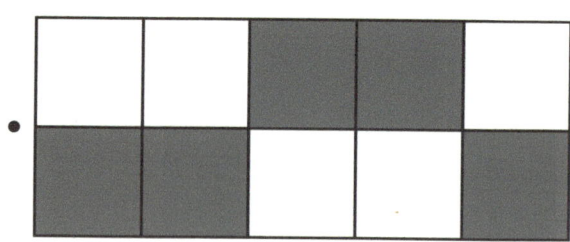

● 숫자 신호와 색칠된 표시를 맞게 연결하시오.

4 1
1 4 •

•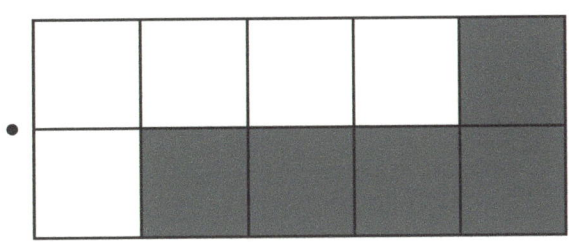

0 3 1 1
1 1 2 1 •

•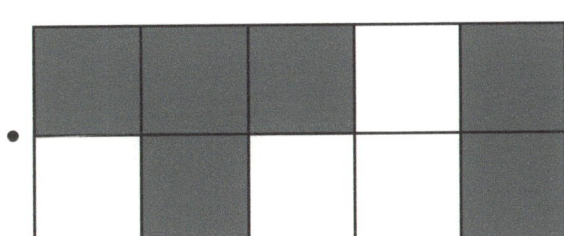

0 4 1
3 2 •

•

● 숫자 규칙에 맞게 빈칸을 색칠하시오.

1 1 3 1

0 1 1 4

1 1 3 1

0 4 1 1

● 숫자 규칙에 맞게 빈칸을 색칠하시오.

2 4
0 1 4 1

1 4 1
2 1 1 2

1 5
3 1 1 1

아주 쉬운 코딩 놀이수학

해답

3쪽

10011
11100
01100

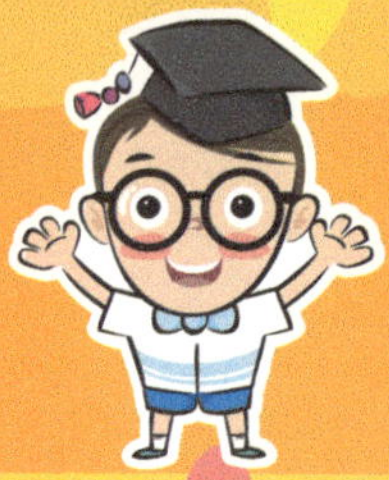

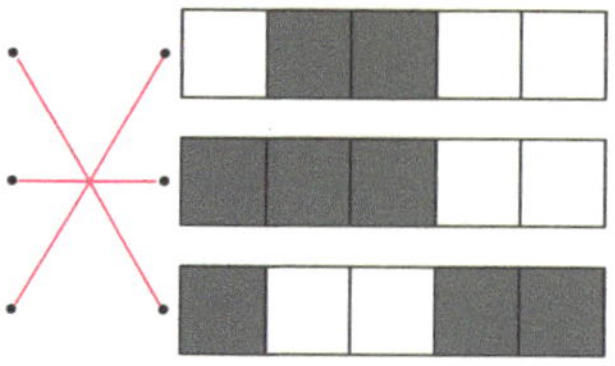

4쪽

00111
11001
00110

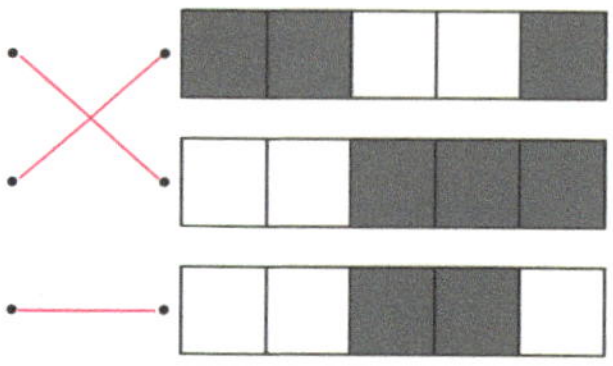

5쪽

01010
10101
01110

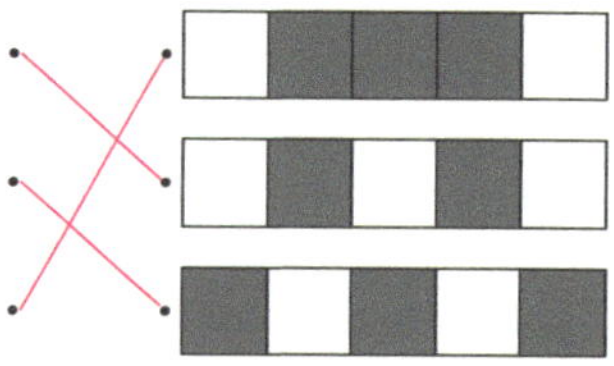

6쪽

01010
11011

11011
01010

10001
11011

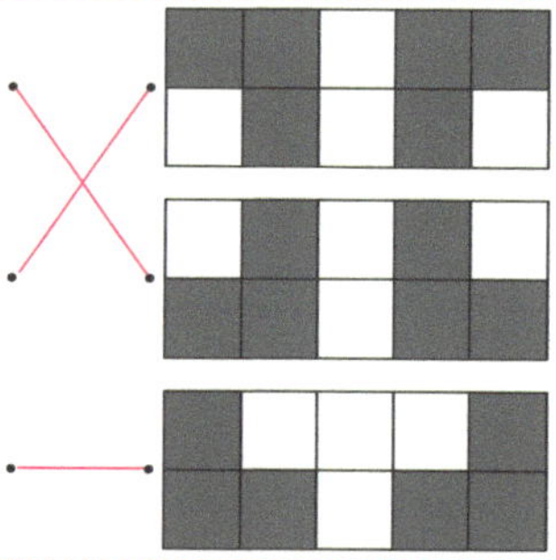

7쪽

10111
01100

10110
01001

01001
10110

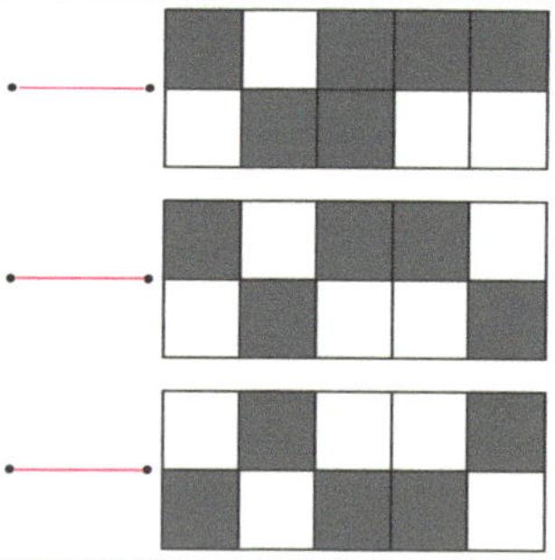

10쪽

0122
122
0113

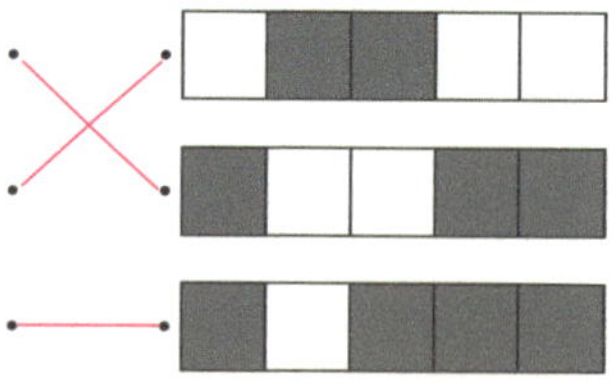

11쪽

023
14
014

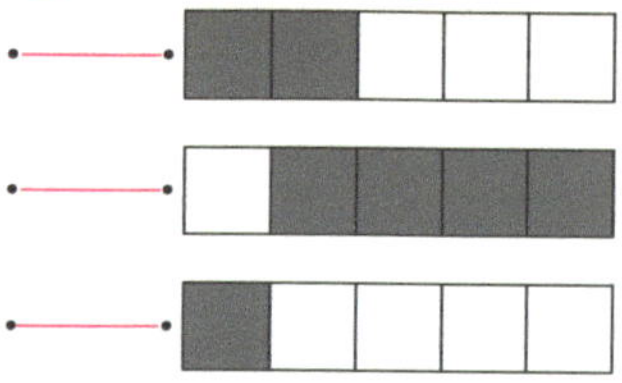

12쪽

131
0212

0131
1112

221
0221

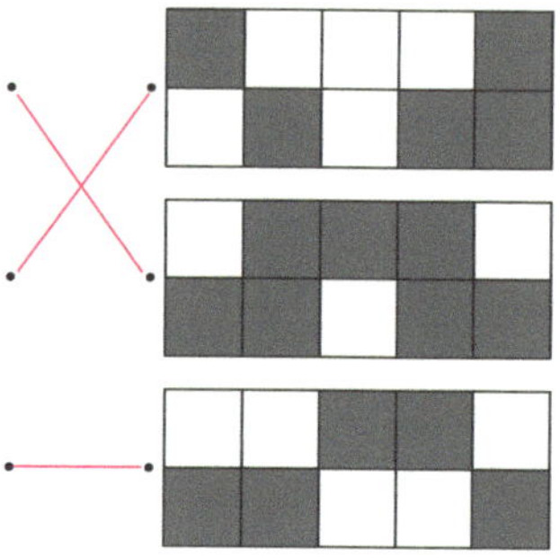

13쪽

41
14

0311
1121

041
32

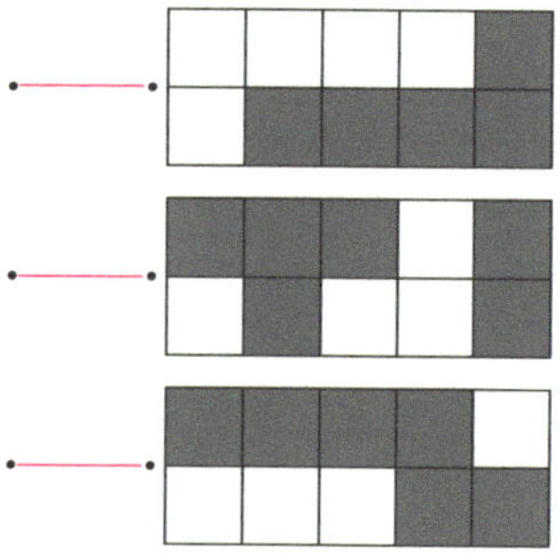

14쪽

1131
0114
1131
0411

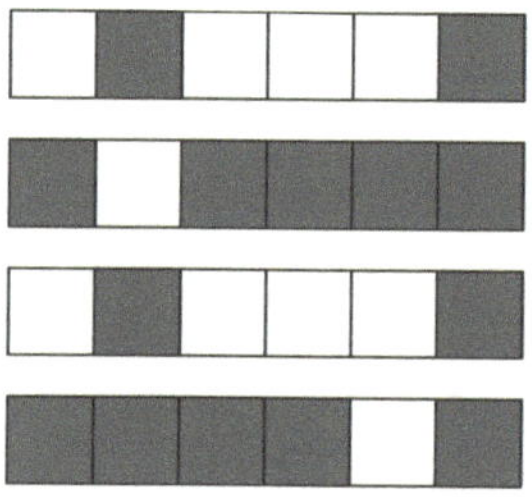

15쪽

24
0141

141
2112

15
3111

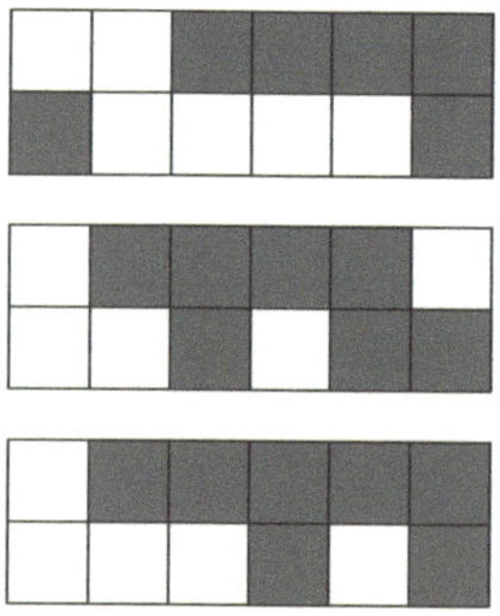

처음 시작하는 언플러그드 코딩놀이

아주 쉬운 코딩 놀이수학

짝수의 비밀

1 0 0 1 0 0 1 0
↓ ↓ ↓ ↓ ↓ ↓ ↓ ↓
● ○ ○ ● ○ ○ ● ○

● 컴퓨터는 정보(자료)가 올바른지 확인하기 위해 여러 가지 방법을 사용합니다. 예를 들어 바코드의 맨 끝 숫자는 복잡한 계산을 통해 올바른 자료인지를 확인하는 숫자입니다.

9 788957 673249 ← 확인용 숫자

● 컴퓨터는 어떤 정보를 나타내기 위해 이진법(0과 1로 나타내는것)을 사용합니다. 만약, 8개의 코드(8비트)라면 0과 1이 8개 사용됩니다. 이 정보의 오류를 방지하기 위해 확인용 숫자를 추가합니다. 이때 확인용 숫자로 짝수를 만드는 것을 짝수 확인 방법이라고 합니다.

1 0 1 1 0 1 1 0 (8비트 코드)

예1) **1 0 1 1 0 1 1 0 ①** ← 확인용 숫자

1이 5개이므로 1을 1개 추가하여 1의 개수가 짝수가 되도록 합니다.

예2) **1 0 1 1 0 0 1 0 ⓪** ← 확인용 숫자

1이 4개로 짝수이이므로 0을 추가하여 1이 그대로 짝수가 되도록 합니다.

● 8비트 코드의 짝수 확인용 숫자를 쓰시오.

1) 1 0 0 1 0 0 1 0 (   )

2) 1 1 1 1 0 0 1 1 (   )

3) 1 0 1 1 0 0 0 1 (   )

4) 1 0 0 1 0 1 0 0 (   )

● 8비트 코드의 숫자에서 0을 흰색으로 1을 검은색으로 표시할 수 있습니다.

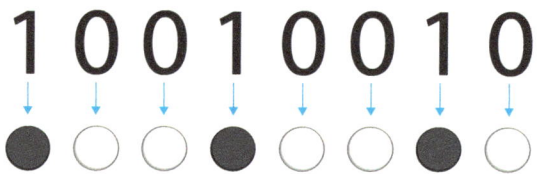

● 숫자와 바둑알을 알맞게 연결하시오.

10110110 •　　　　　　•

11000010 •　　　　　　•

11100000 •　　　　　　•

10010011 •　　　　　　•

- 놀이판의 바둑알이 올바른 정보인지를 확인하기 위해 모든 줄의 검은돌을 짝수로 만들 수 있습니다.

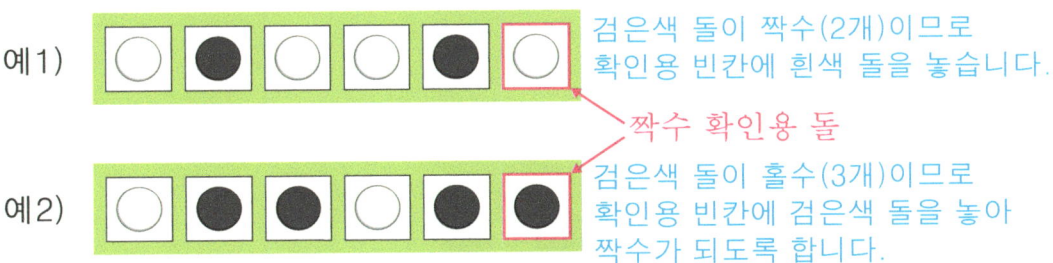

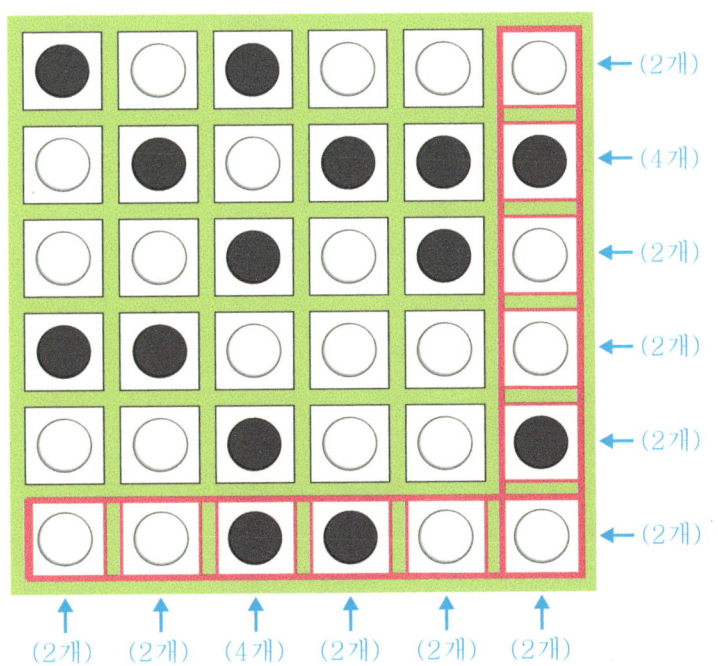

짝수확인용 돌을 놓아 모든 줄과 칸의 검은돌이 짝수가 되도록 하였습니다.

● 짝수를 만들기 위해 빈칸에 들어올 돌을 연결하시오.

1)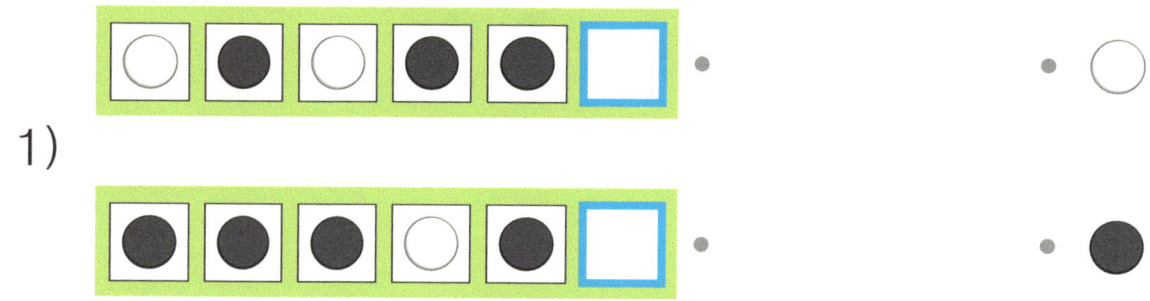

2)

● 짝수를 만들기 위해 빈칸에 들어올 돌을 연결하시오.

1)

2)

● 짝수를 만들기 위해 빈칸에 들어올 돌을 연결하시오.

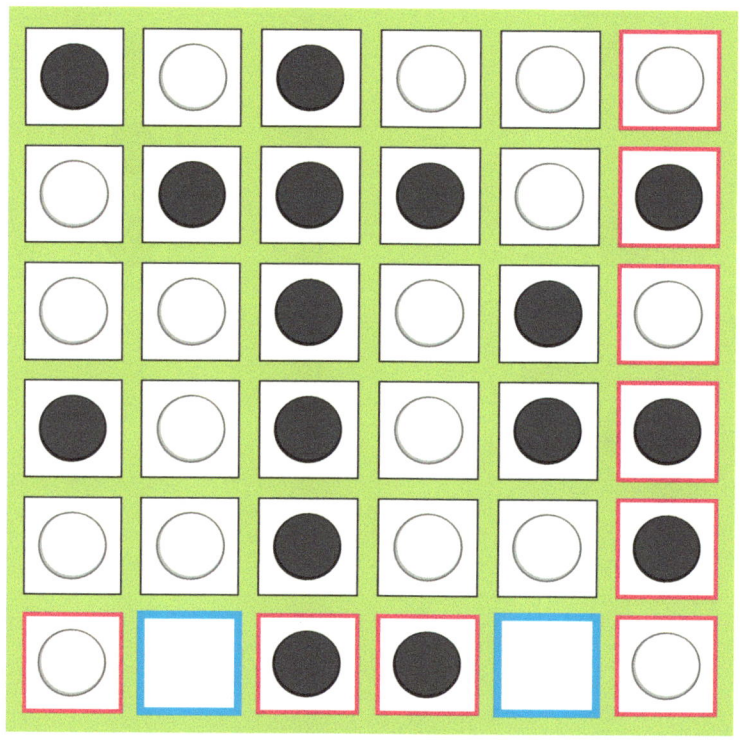

● 짝수를 만들기 위해 빈칸에 들어올 돌을 연결하시오.

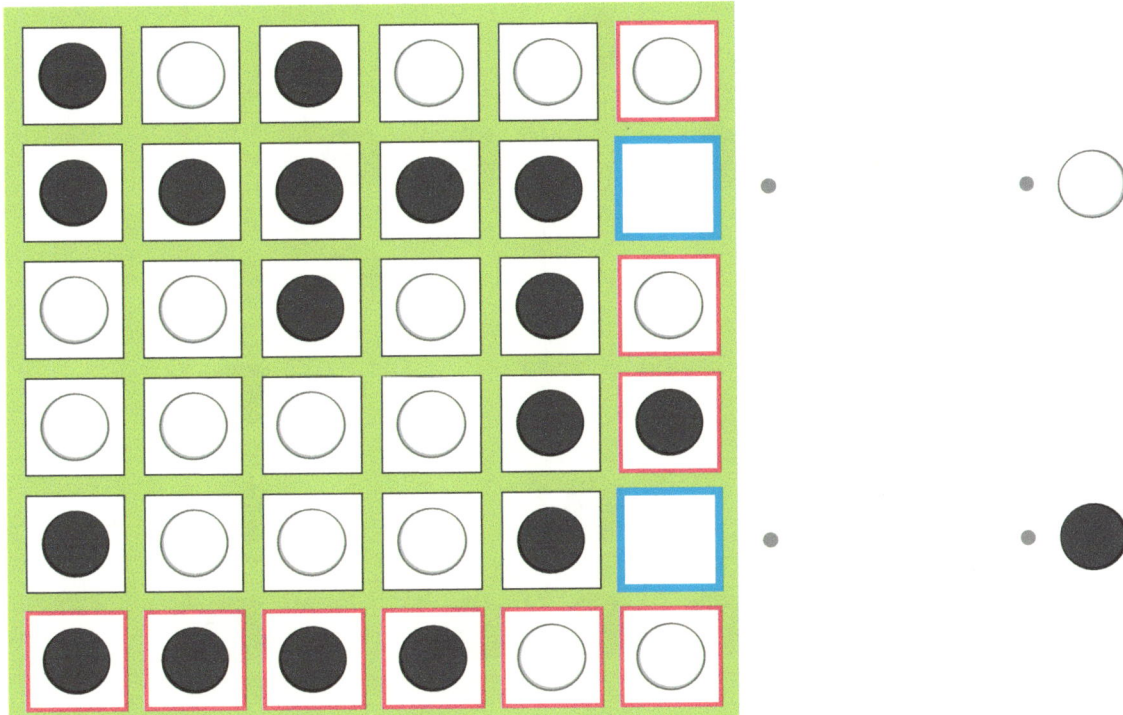

● 짝수를 만들기 위해 바둑돌을 놓았습니다. 실수로 돌을 뒤집었다면 그 돌을 찾아 ○표 하시오.

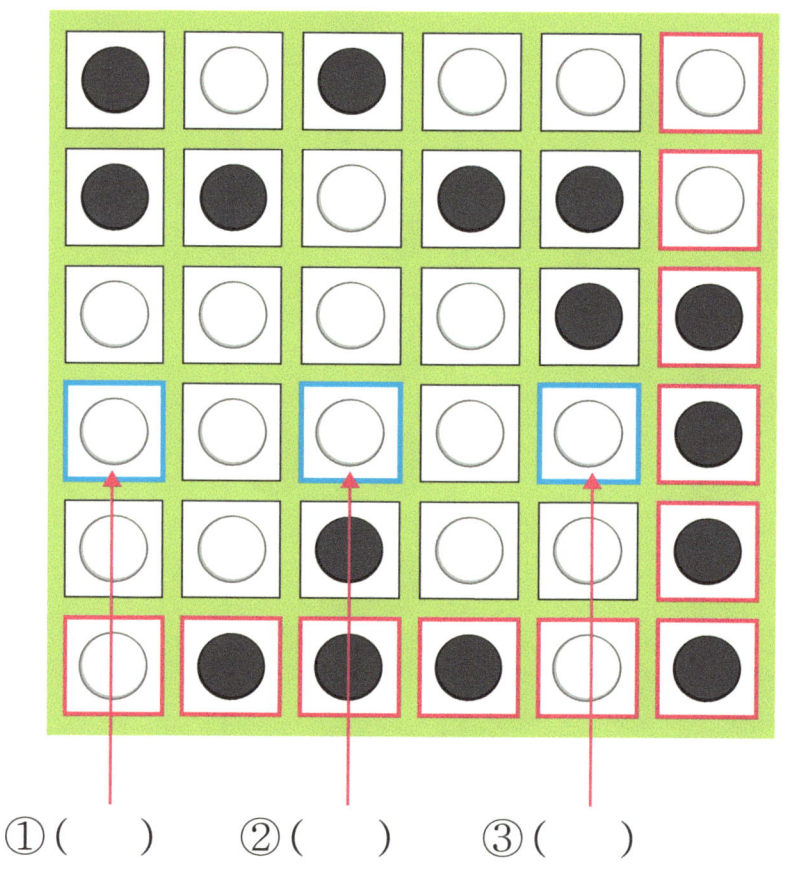

① (　　)　　② (　　)　　③ (　　)

 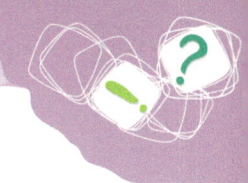

● 짝수를 만들기 위해 바둑돌을 놓았습니다. 실수로 돌을 뒤집었다면 그 돌을 찾아 ○표 하시오.

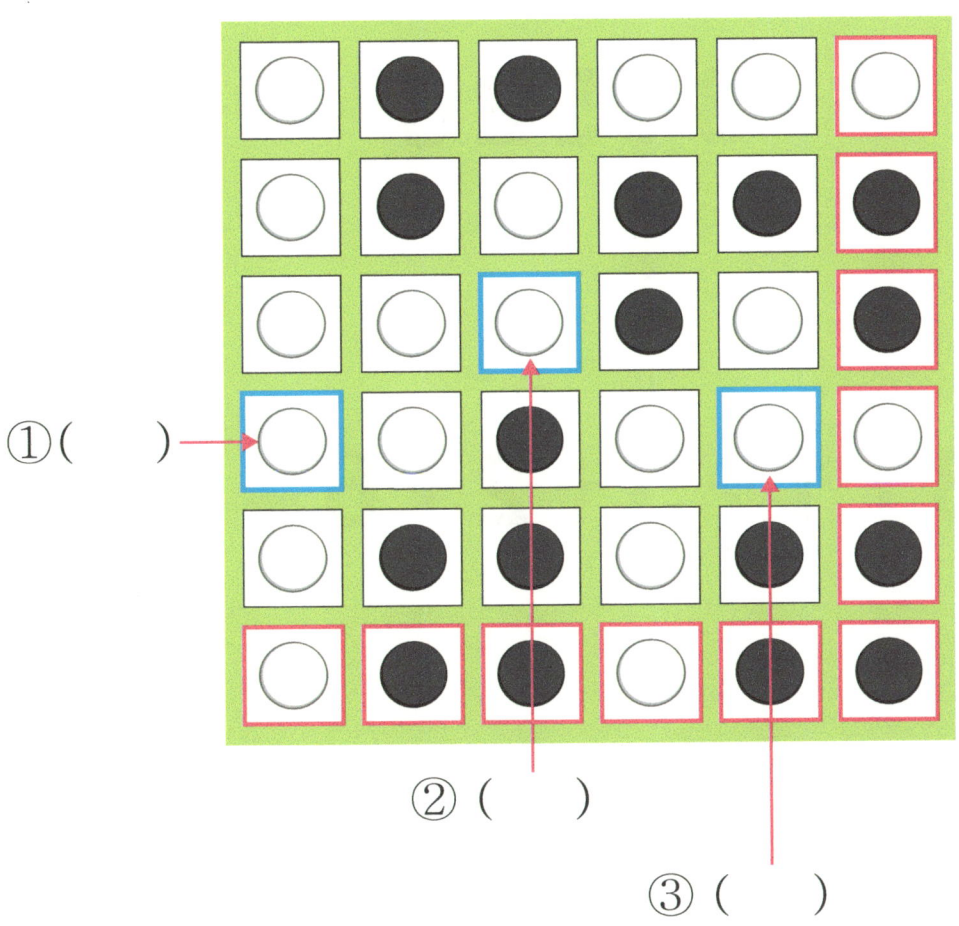

① (   )

② (   )

③ (   )

● 올바른 정보를 확인하기 위해 주어진 숫자(정보)를 다 더한 후 1의 자리를 추가하는 것도 한 방법입니다.

주어진 숫자(정보)

31526

숫자를 다 더합니다.

3 + 1 + 5 + 2 + 6 = 17

1의 자리 7을 주어진 숫자 뒤에 추가합니다.

315267

↑ 확인용 숫자

● 빈칸에 들어올 확인용 숫자를 알맞게 연결하시오.

2425 ( ) •　　　　　• 0

6042 ( ) •　　　　　• 1

5132 ( ) •　　　　　• 2

1423 ( ) •　　　　　• 3

● 빈칸에 들어올 확인용 숫자를 알맞게 연결하시오.

61213( ) •   • 2

20802( ) •   • 3

15432( ) •   • 4

41423( ) •   • 5

● 숫자의 정보가 틀린 것에 ○표 하시오.

① 820021 (   )

② 111586 (   )

③ 243403 (   )

④ 402444 (   )

해답

3쪽

1) 1 0 0 1 0 0 1 0 (**1**)

2) 1 1 1 1 0 0 1 1 (**0**)

3) 1 0 1 1 0 0 0 1 (**0**)

4) 1 0 0 1 0 1 0 0 (**1**)

4쪽

10110110

11000010

11100000

10010011

6쪽

1)

2)

7쪽

1)   2)

8쪽

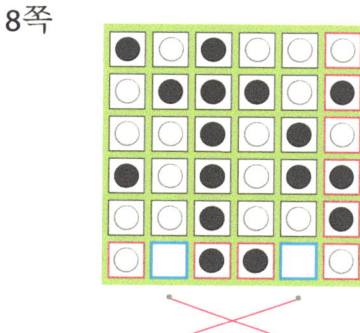

9쪽

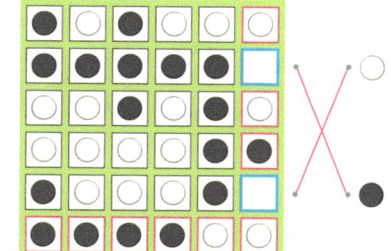

10쪽

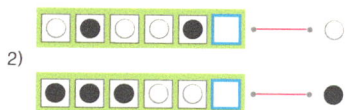

① (   )   ② (○)   ③ (   )

11쪽

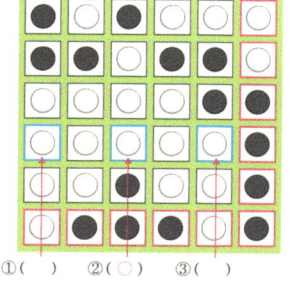

① (   )   ② (   )   ③ (○)

13쪽

2425 (   )   0
6042 (   )   1
5132 (   )   2
1423 (   )   3

14쪽

61213 (   )   2
20802 (   )   3
15432 (   )   4
41423 (   )   5

15쪽

① 820021 (○)

② 111586 (   )

③ 243403 (   )

④ 402444 (   )

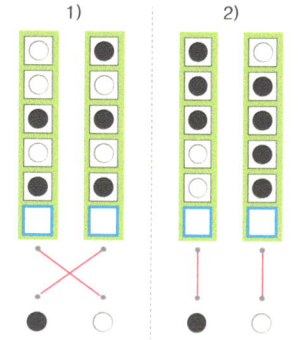

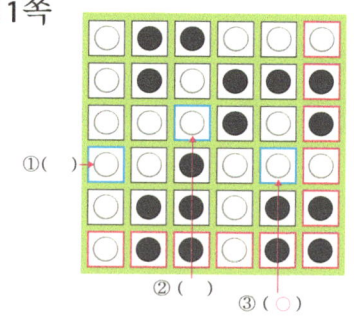

아주 쉬운 코딩 놀이수학

정렬 네트워크

- 컴퓨터는 입력된 자료를 순서대로 정리하여 저장합니다. 정렬네트워크는 작은 수가 앞으로 오도록 다음과 같이 정리합니다.

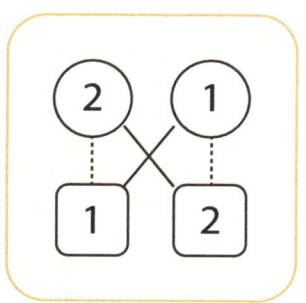

- 작은 수부터 정렬되도록 빈칸을 채우는 방법을 알아보시오.
  1. X가 있는 곳은 두수를 비교하여 작은 숫자가 앞으로 오도록 아래 빈칸에 씁니다.
  2. 직선인 곳은 위의 숫자를 그대로 내려 씁니다.

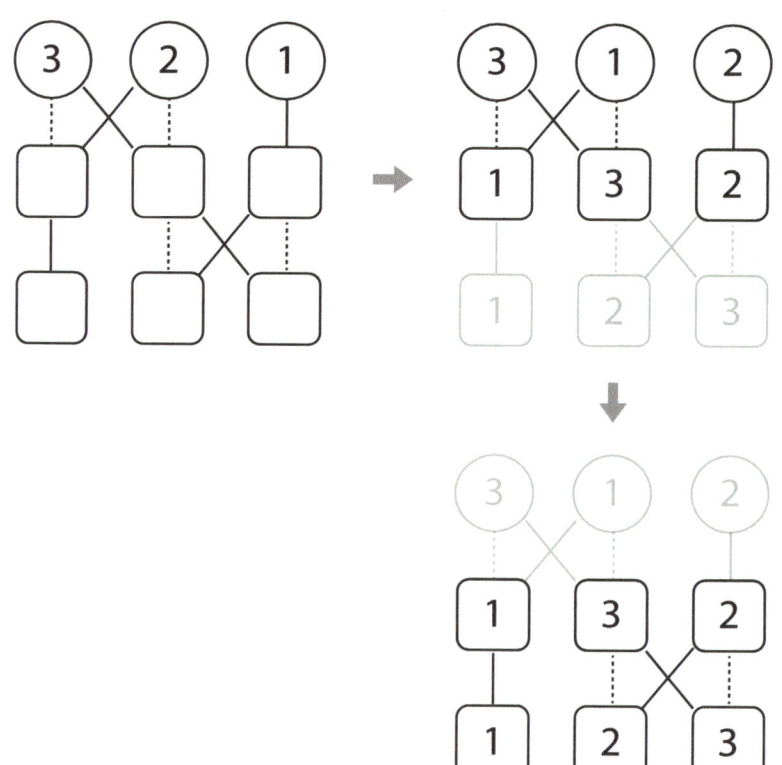

● 정렬네트워크에 맞게 빈칸에 알맞은 숫자를 쓰시오.

(1)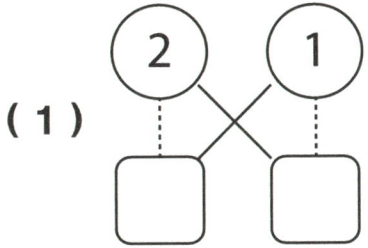

(2)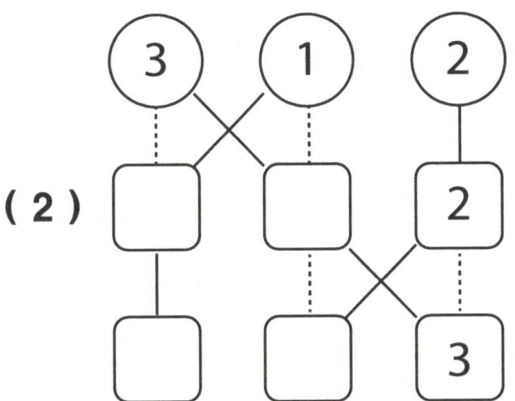

● 정렬네트워크에 맞게 빈칸에 알맞은 숫자를 쓰시오.

(1)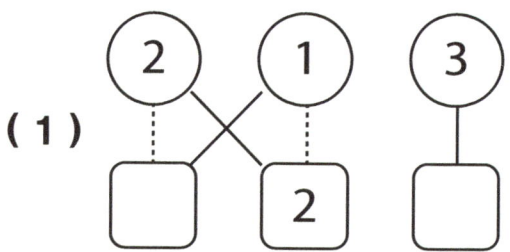

(2)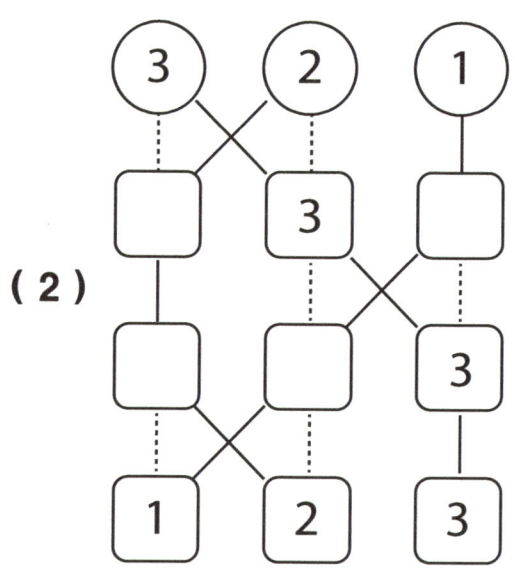

● 작은 수부터 정렬되도록 빈칸을 채우는 방법을 알아보시오.

1. X가 있는 곳은 두수를 비교하여 작은 숫자가 앞으로 오도록 아래 빈칸에 씁니다. (작은 숫자가 앞에 있는 경우는 그대로 내려 씁니다.)
2. 직선인 곳은 위의 숫자를 그대로 내려 씁니다.

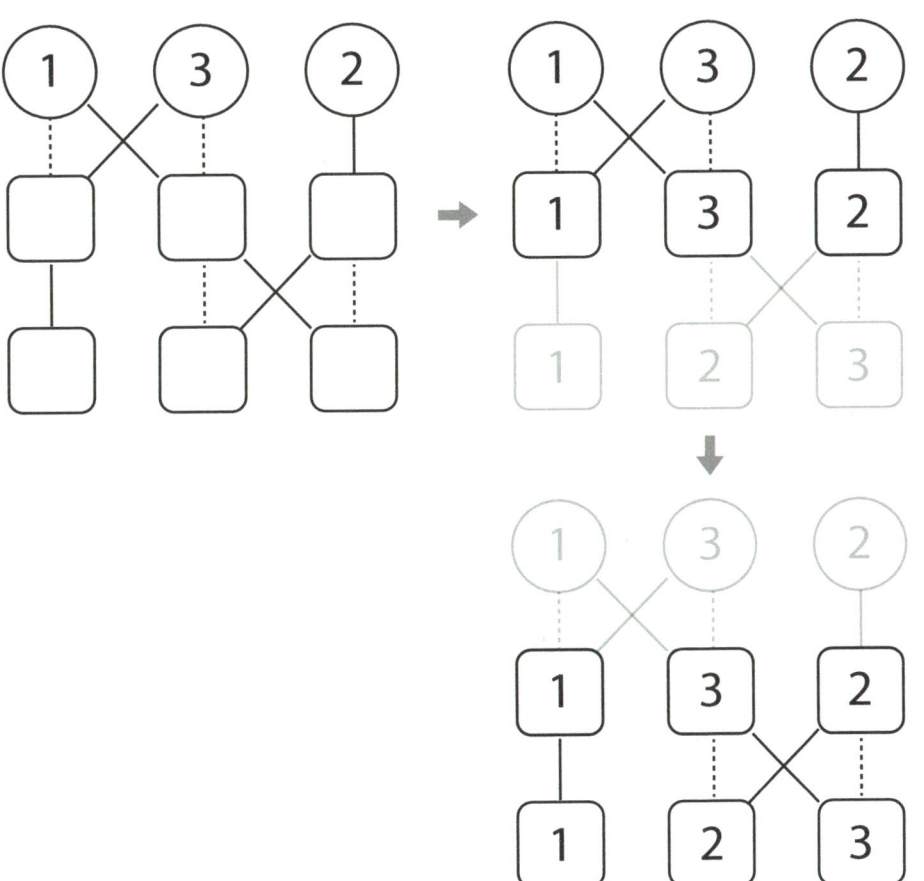

5

● 정렬네트워크에 맞게 빈칸에 알맞은 숫자를 쓰시오.

X가 있는 곳은 두수를 비교하여 작은 숫자가 앞으로 오도록 아래 빈칸에 씁니다. (작은 숫자가 앞에 있는 경우는 그대로 내려 씁니다.)

(1)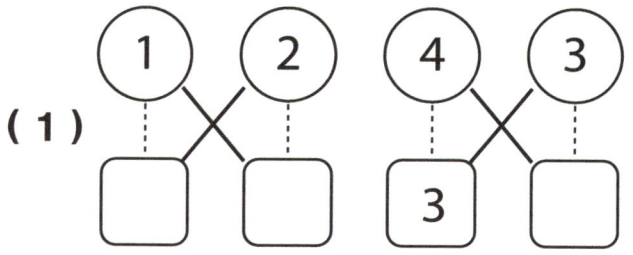

(2)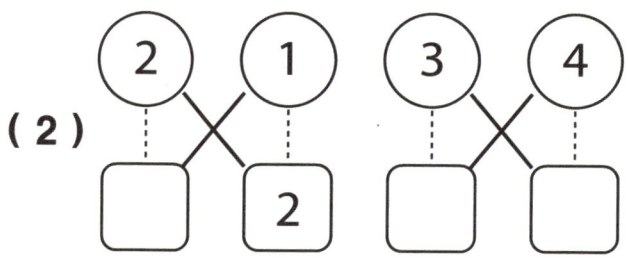

● 정렬네트워크에 맞게 빈칸에 알맞은 숫자를 쓰시오.

(1)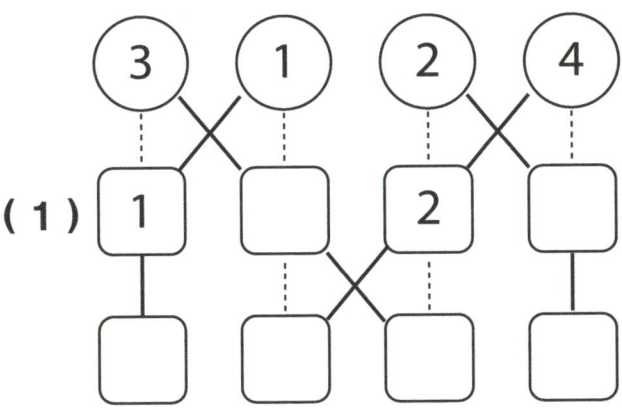

(2)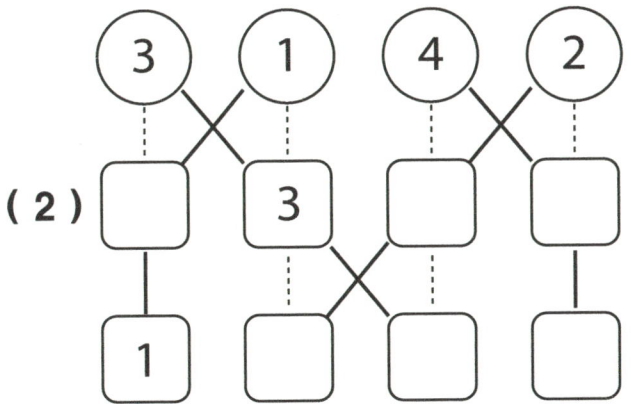

● 정렬네트워크에 맞게 빈칸에 알맞은 숫자를 쓰시오.

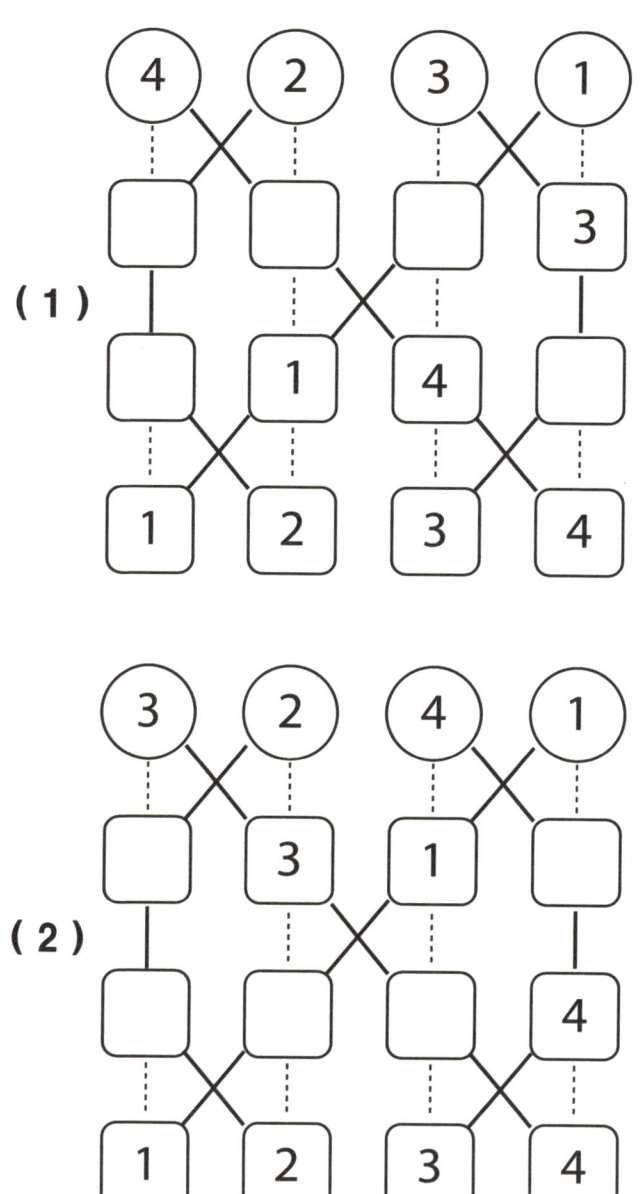

● 정렬네트워크에 맞게 빈칸에 알맞은 숫자를 쓰시오.

(1)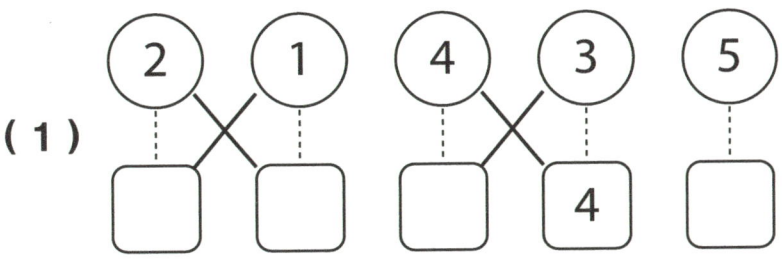

(2)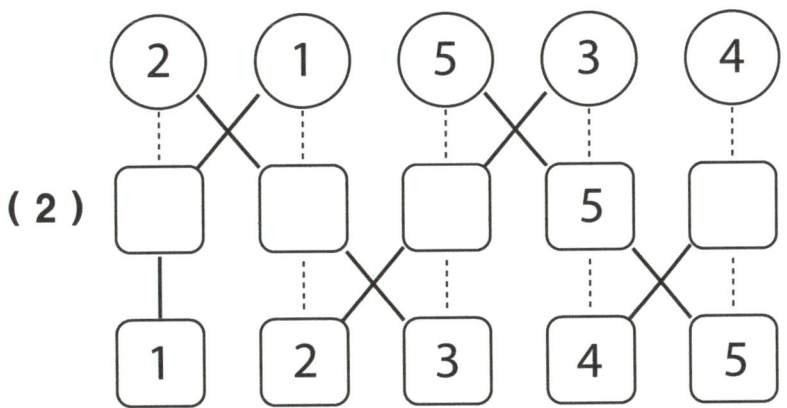

● 정렬네트워크에 맞게 빈칸에 알맞은 숫자를 쓰시오.

(1)
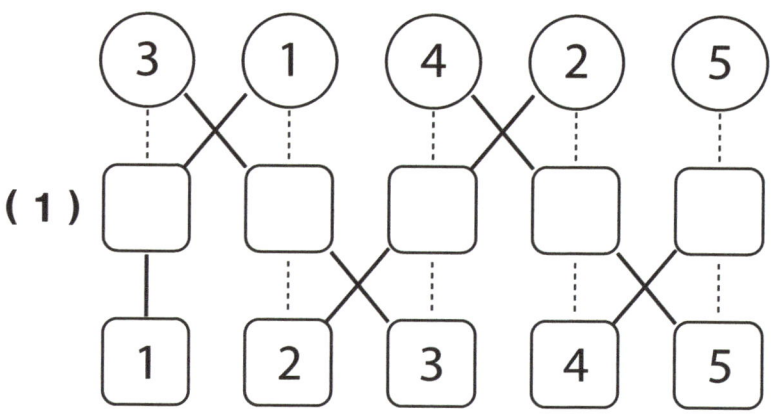

(2)
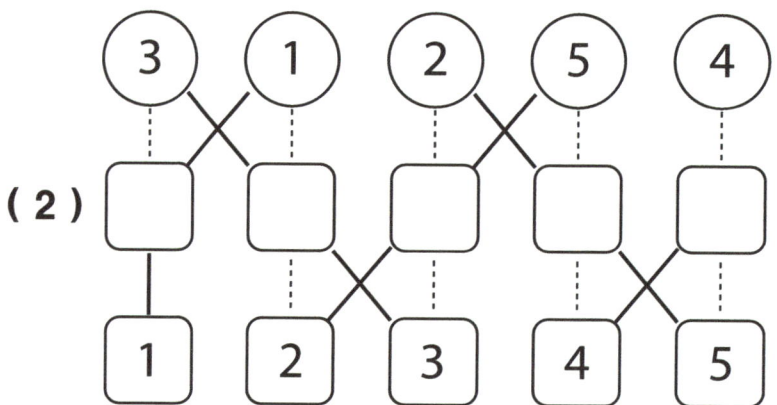

● 정렬네트워크에 맞게 빈칸에 알맞은 숫자를 쓰시오.

(1)

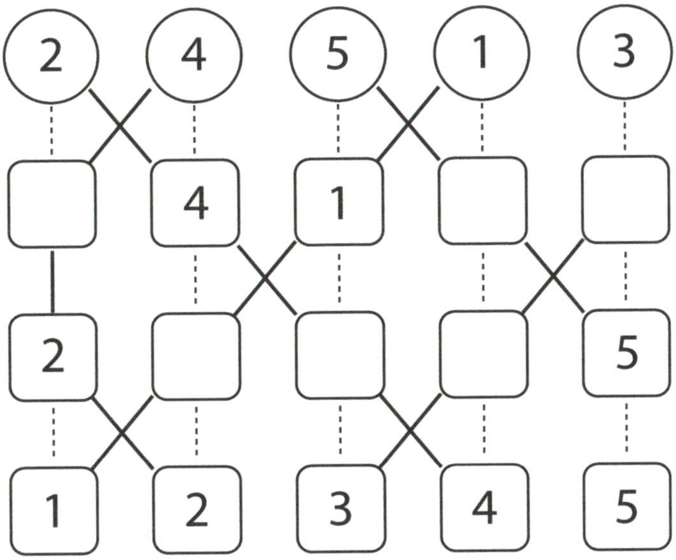

(2)

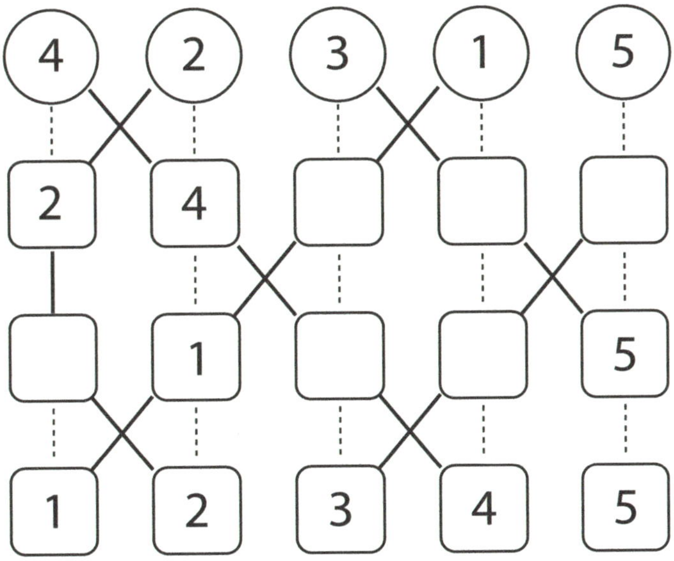

● 정렬네트워크에 맞게 빈칸에 알맞은 숫자를 쓰시오.

(1)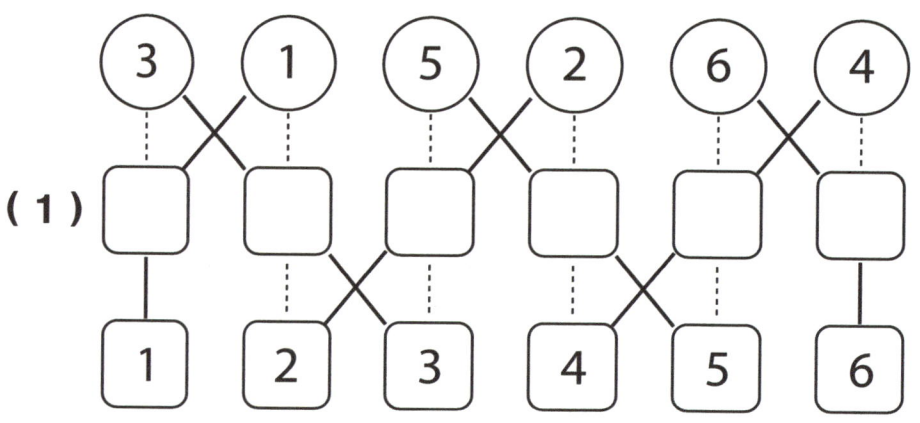

(2)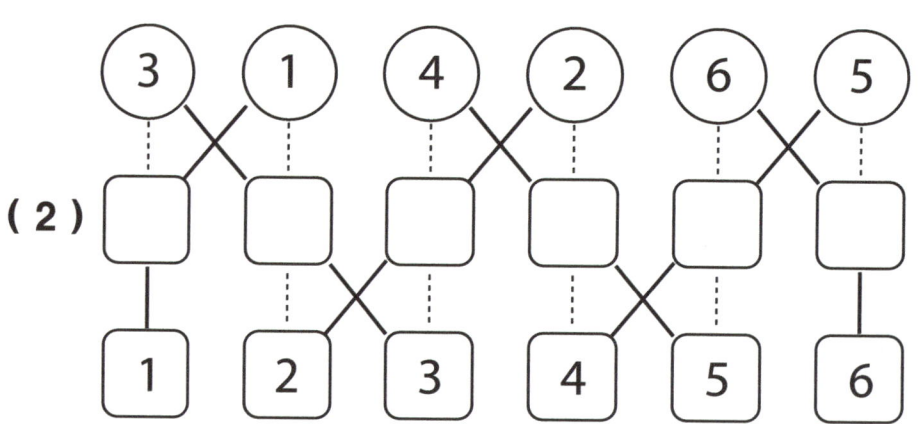

● 정렬네트워크에 맞게 빈칸에 알맞은 숫자를 쓰시오.

(1)

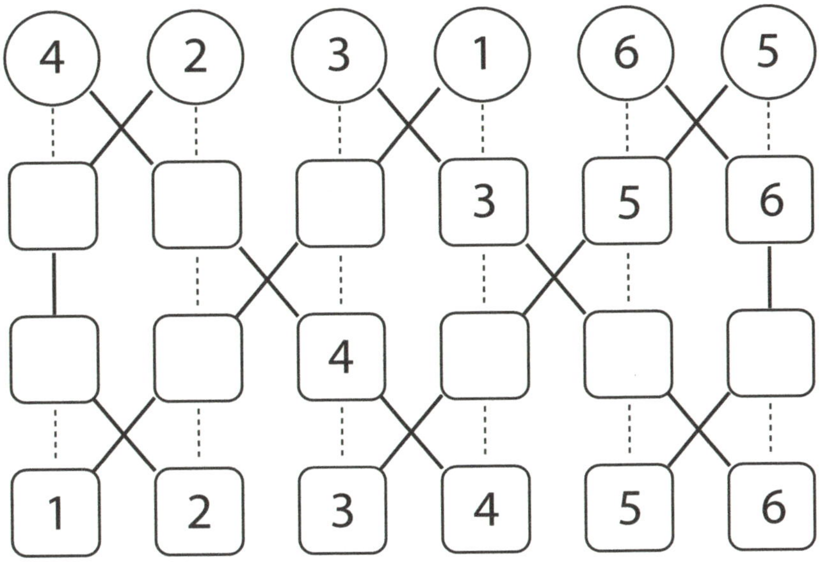

(2)

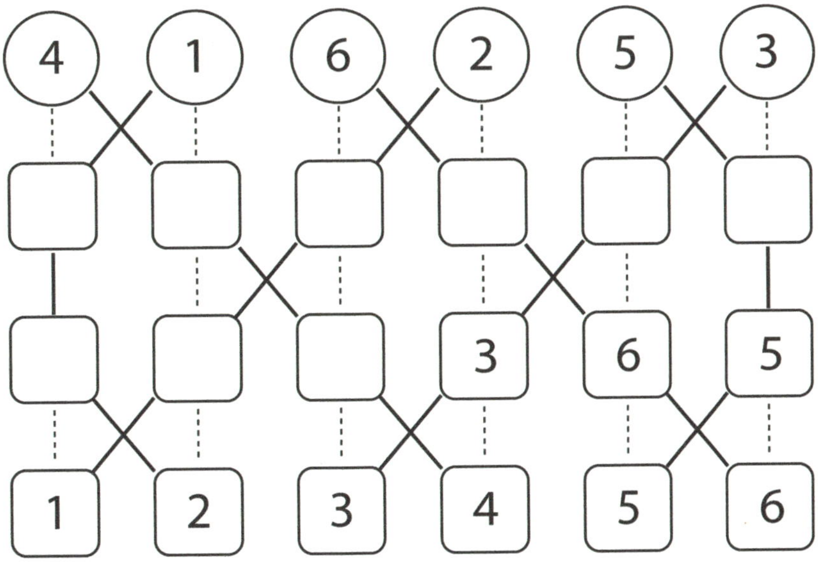

● 정렬네트워크에 맞게 빈칸에 알맞은 숫자를 쓰시오.

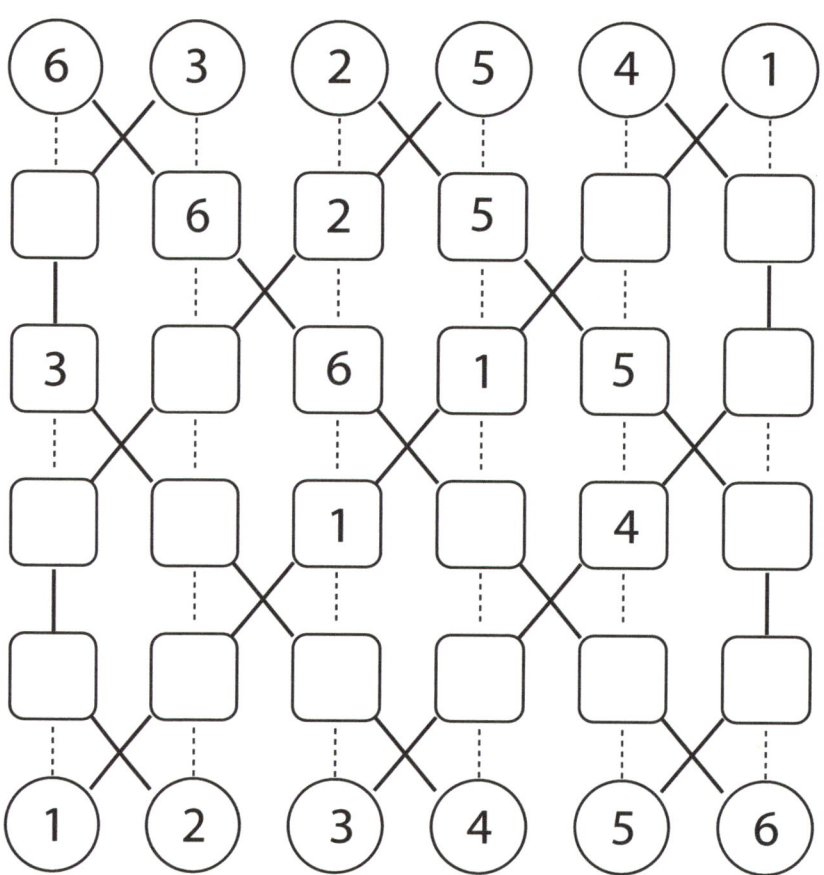

● 정렬네트워크에 맞게 빈칸에 알맞은 숫자를 쓰시오.

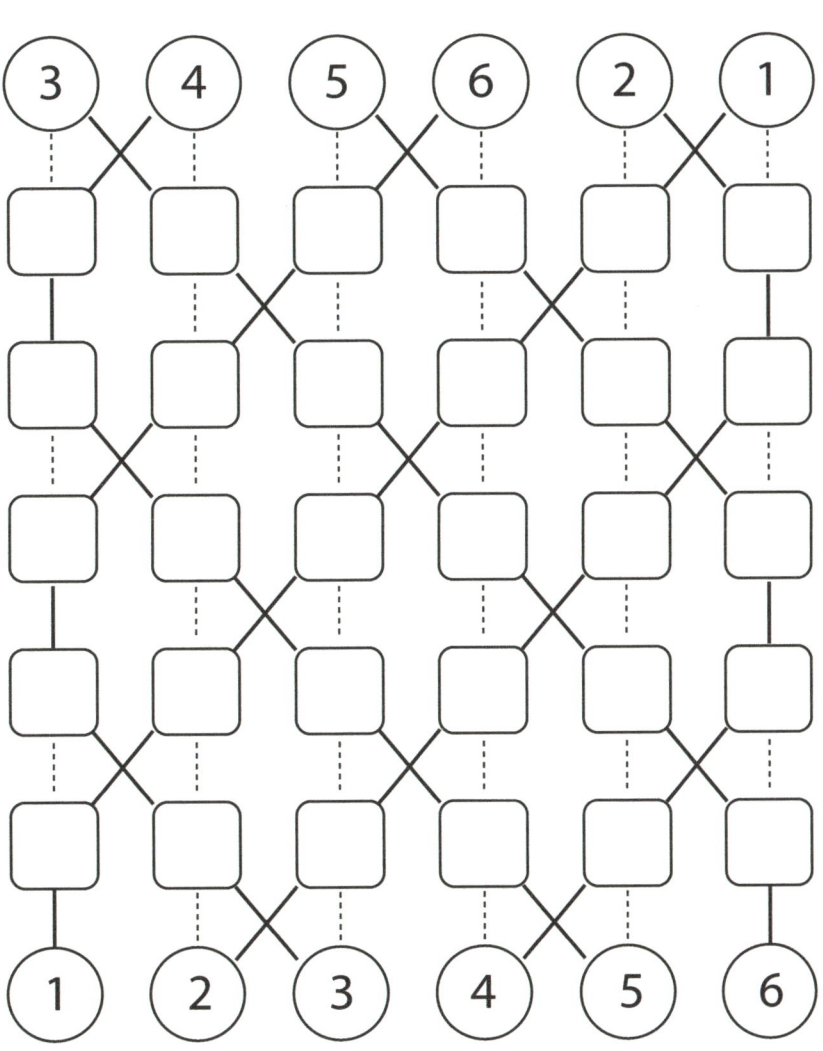

아주 쉬운 코딩 놀이수학

해답

3쪽

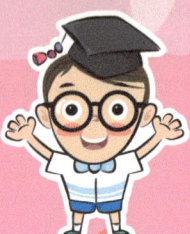

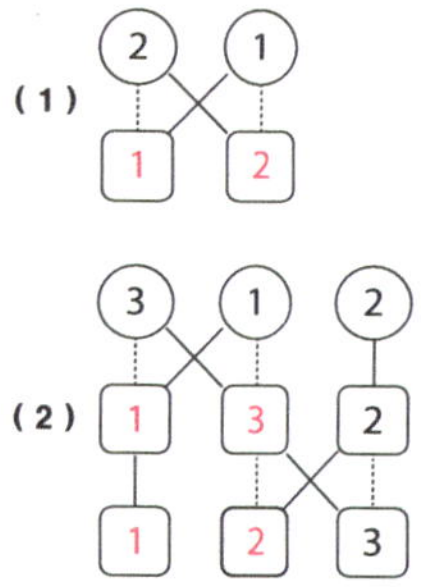

4쪽

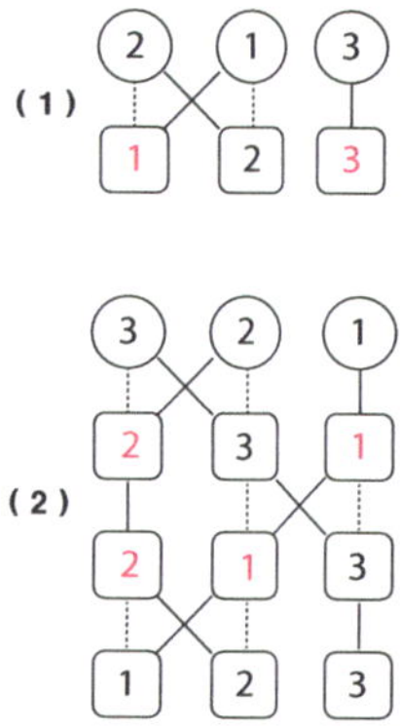

6쪽

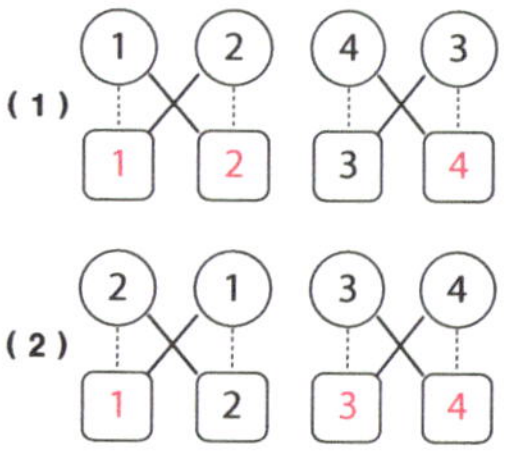

7쪽

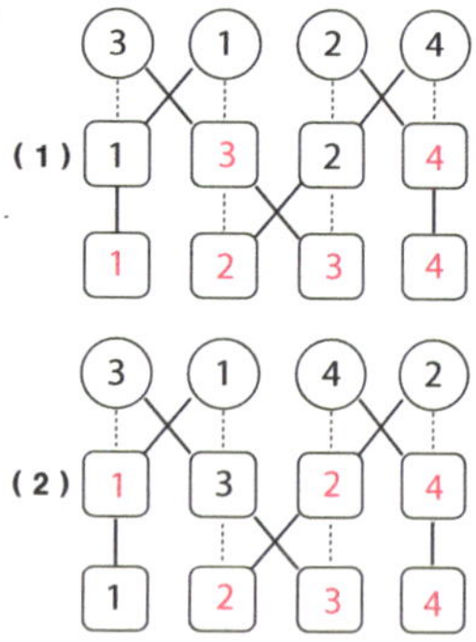

8쪽

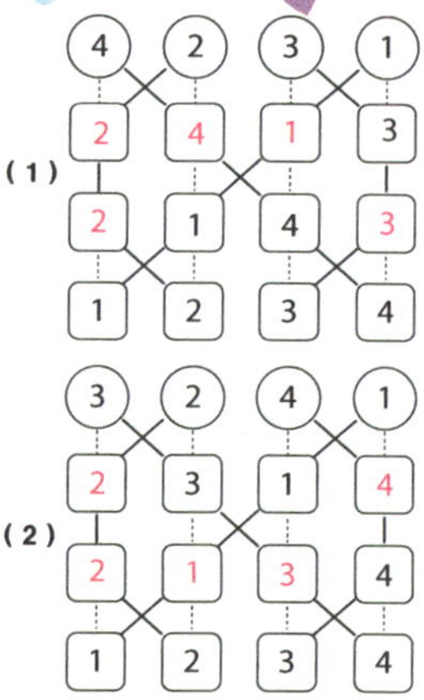

9쪽

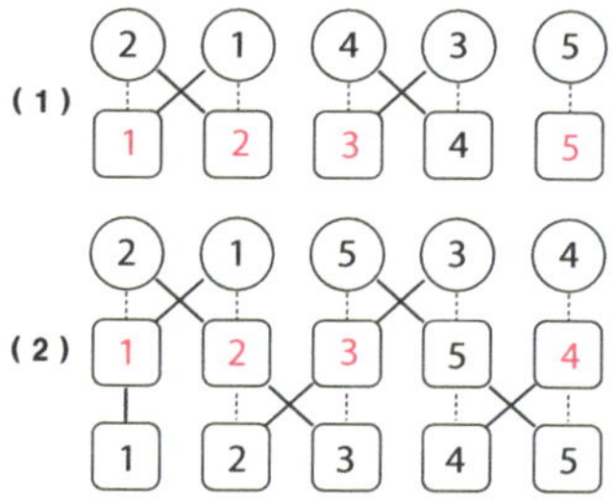

10쪽

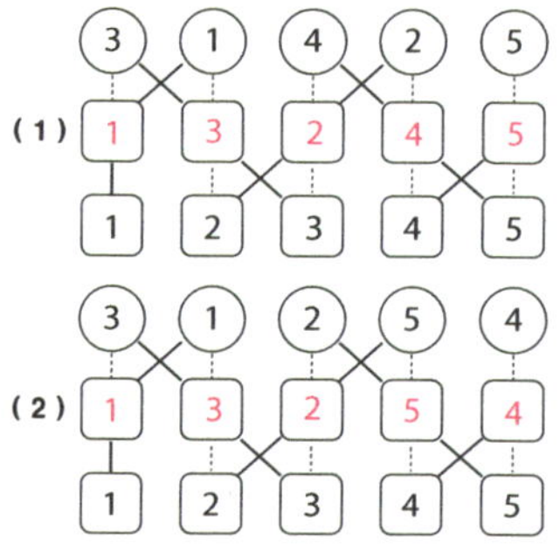

11쪽

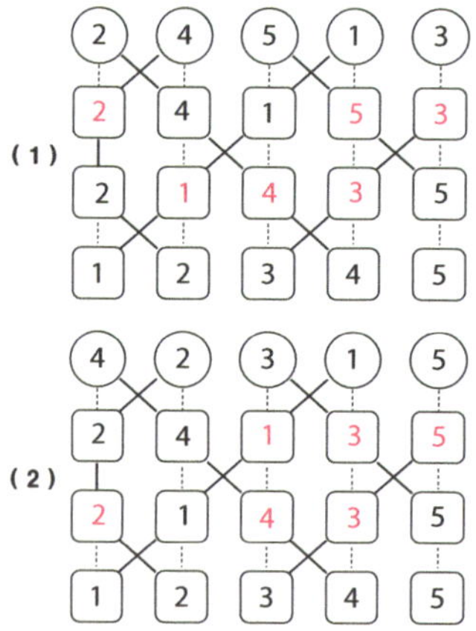

12쪽

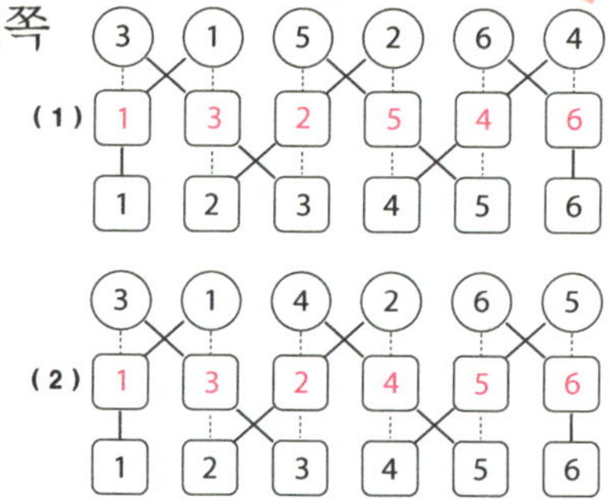

13쪽

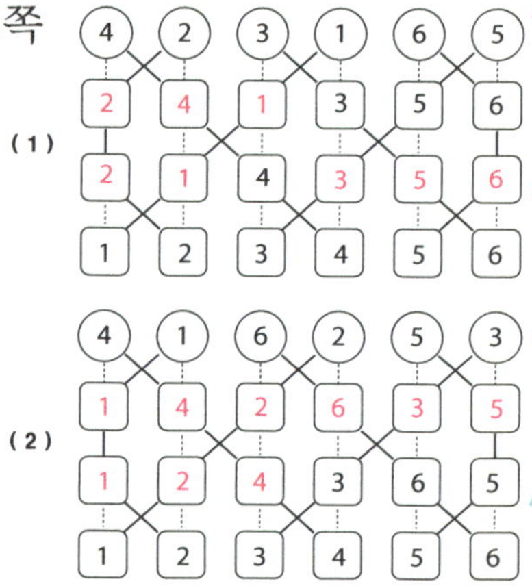

14쪽

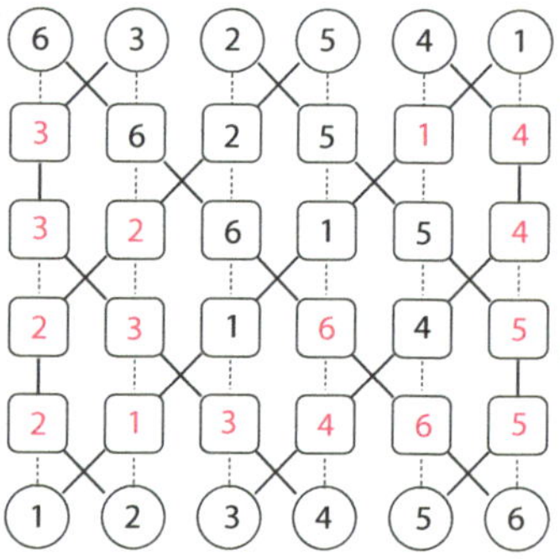

15쪽

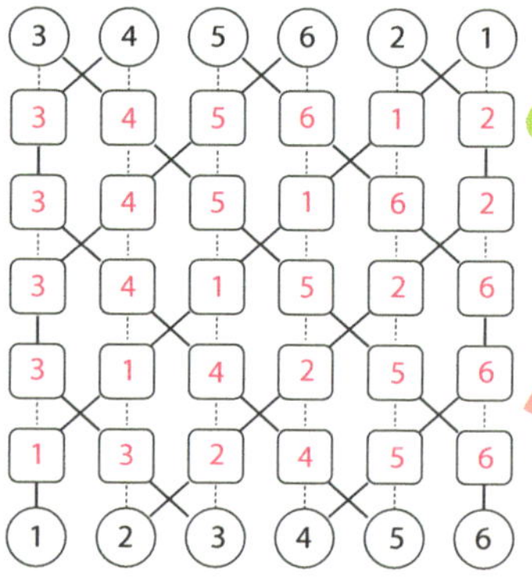

처음 시작하는 언플러그드 코딩놀이

아주 쉬운 코딩 놀이수학

학교가기

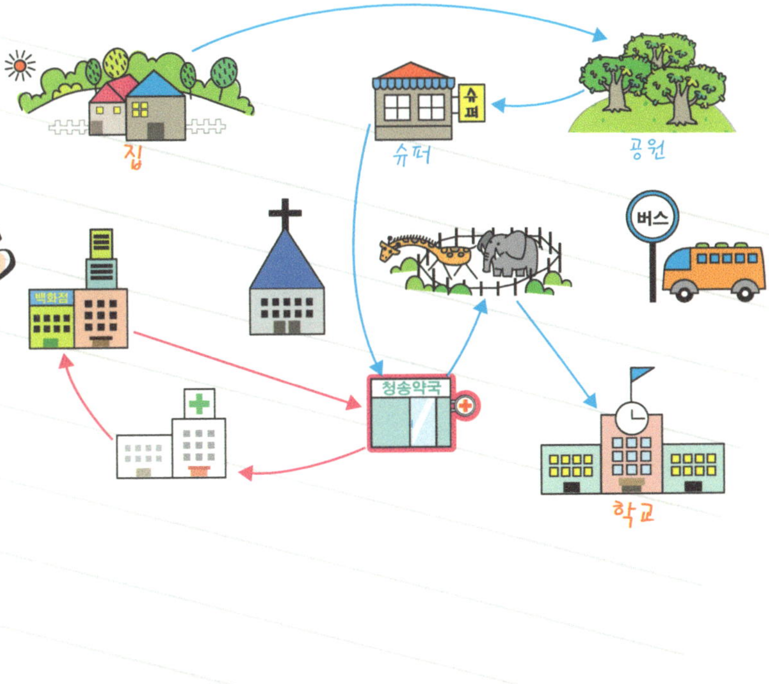

- 컴퓨터에서는 주어진 명령대로 움직입니다. 두 수를 더하라는 명령이 주어지면 더하고, 두 수의 차를 구하라고 하면 뺄셈을 합니다.
  학교가기 놀이에서는 주사위 눈이 1이 나오면 1번길로 가고, 주사위 눈이 2가 나오면 2번길로 갑니다.

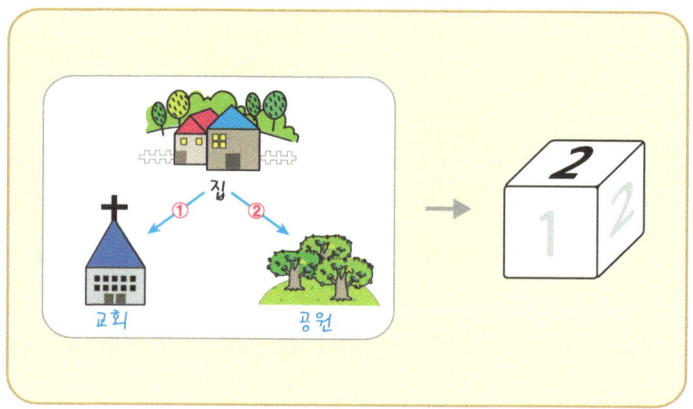

- 위의 카드에서 주사위 눈이 2가 나왔습니다. 그러므로 집에서 공원으로 가게 됩니다.

이와같이 정해진대로 움직이는 기계를 오토마타라고 합니다.

● 아래 카드에서 주사위 눈이 1이 나왔을 때 맞는 것에 ○표 하시오.

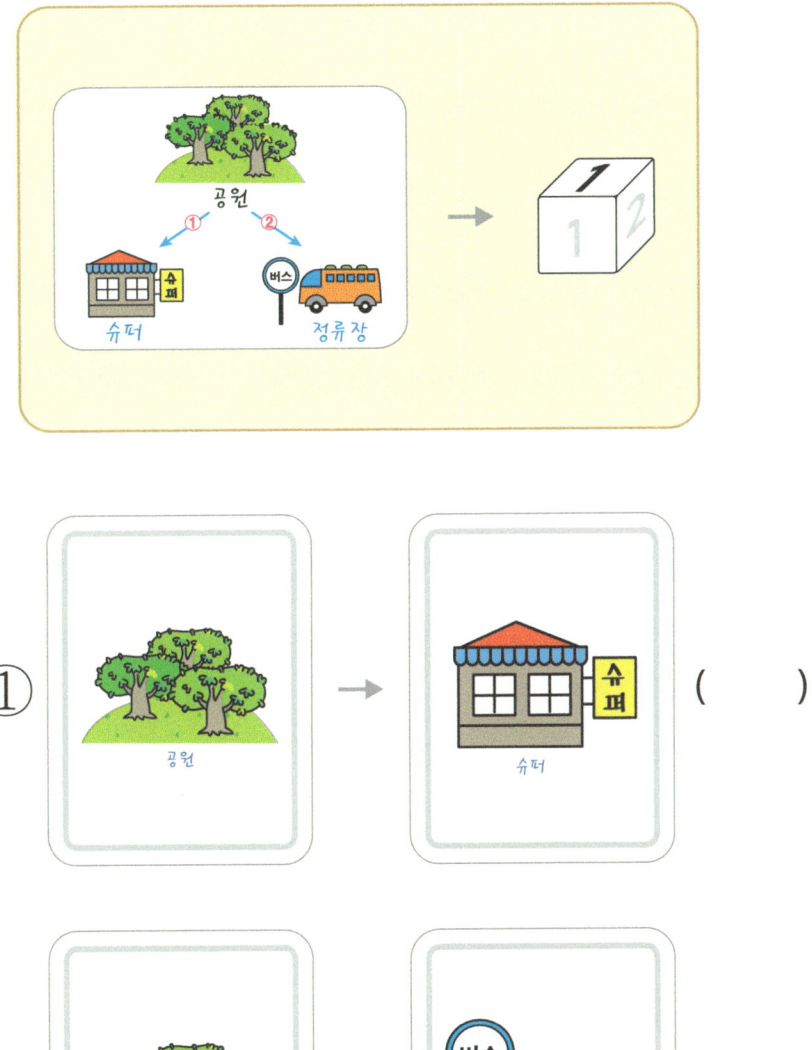

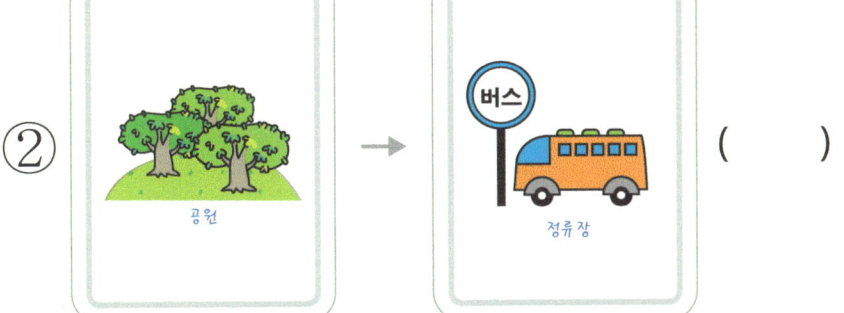

● 아래 카드에서 약국에서 동물원으로 가기 위해 나온 주사위가 맞는 것에 ○표 하시오.

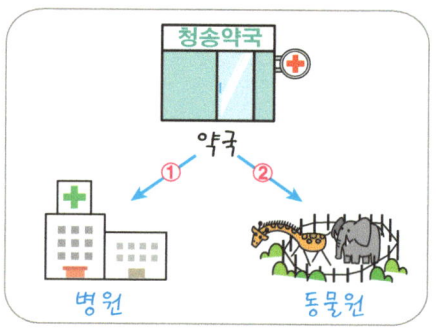

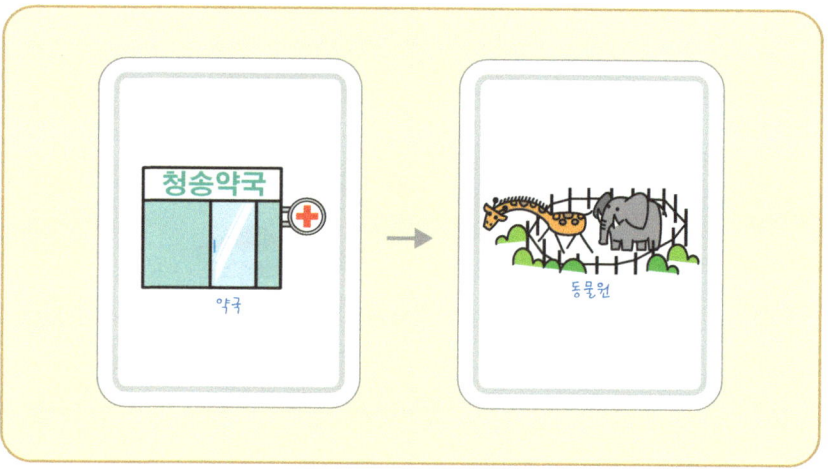

①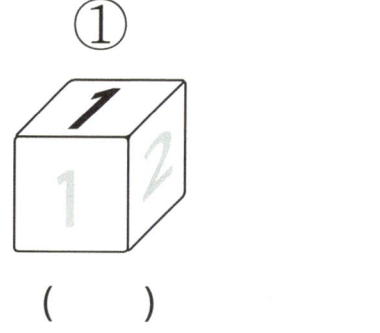

( )

②

( )

● 아래 카드에서 백화점에서 집으로 가기 위해 나온 주사위가 맞는 것에 ○표 하시오.

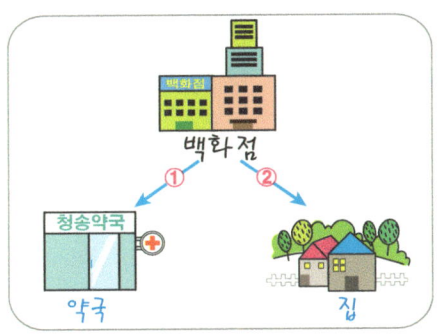

① ②

(   )   (   )

- 아래 카드에서 집에서 슈퍼로 가기 위해 나온 주사위가 맞는 것에 ○표 하시오.

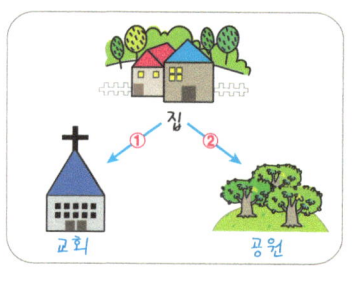 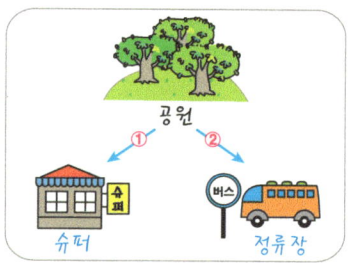

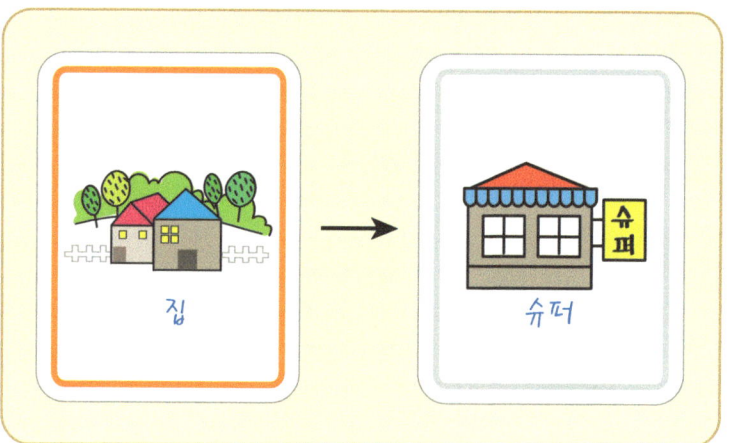

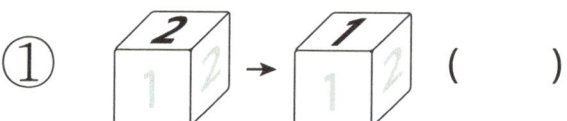

● 아래 카드에서 집에서 정류장로 가기 위해 나온 주사위가 맞는 것에 ○표 하시오.

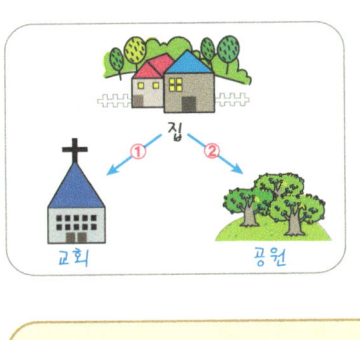
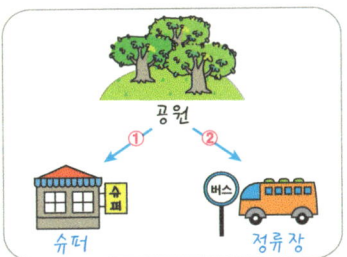

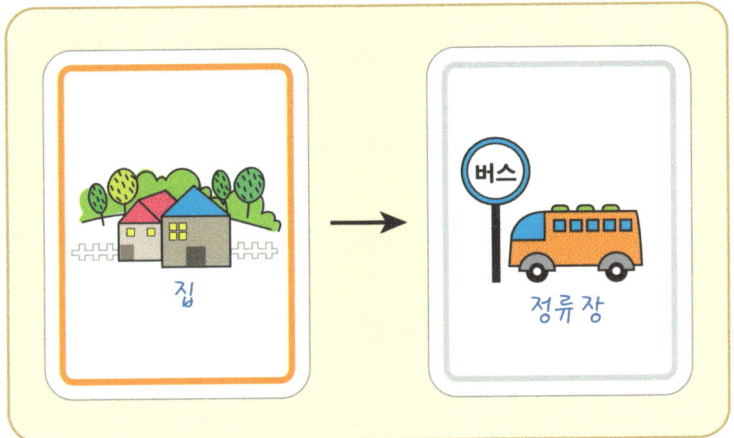

① ( )

② ( )

● 첫번째 카드에서 출발하여 아래 주사위눈이 나온 순서대로 갔을 때 도착한 카드에 ○표 하시오.

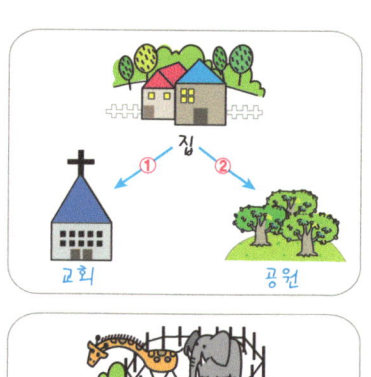
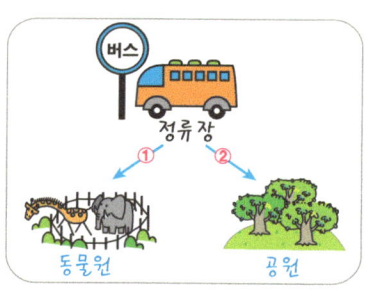
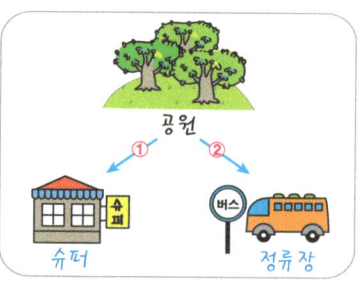
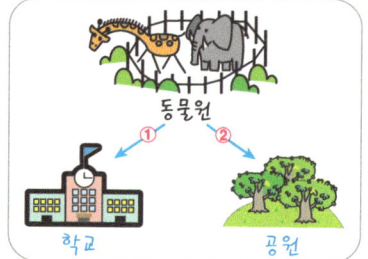
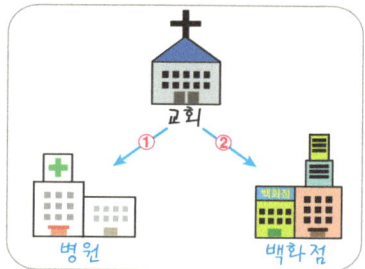
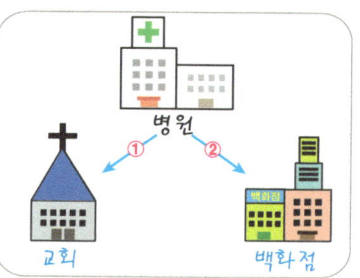

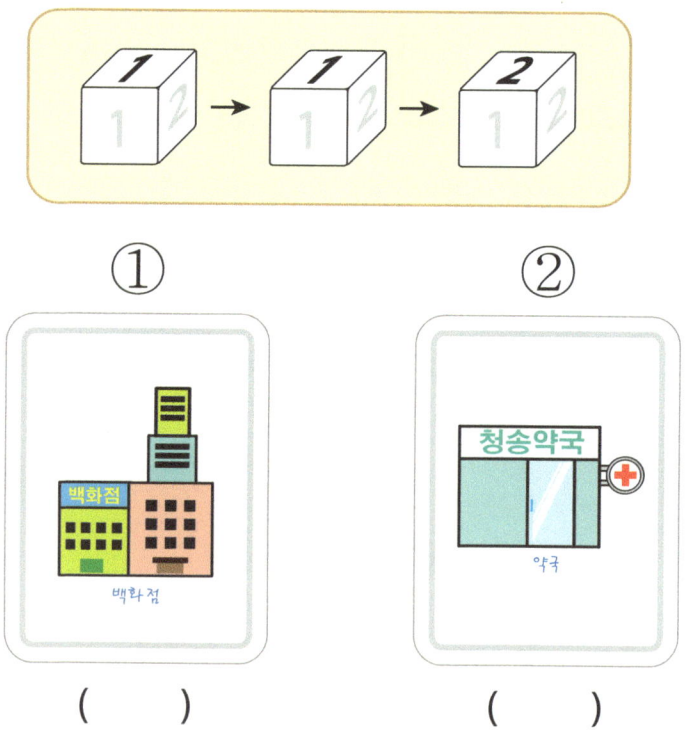

● 첫번째 카드에서 출발하여 아래 주사위눈이 나온 순서대로 갔을 때 도착한 카드에 ○표 하시오.

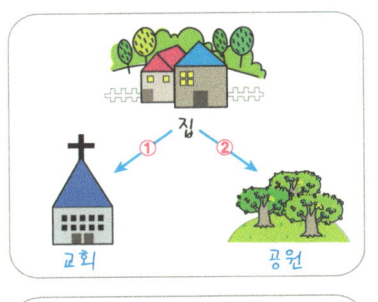
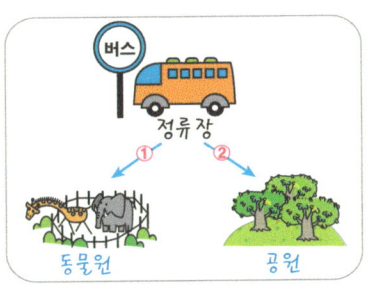
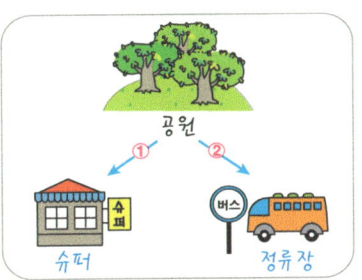
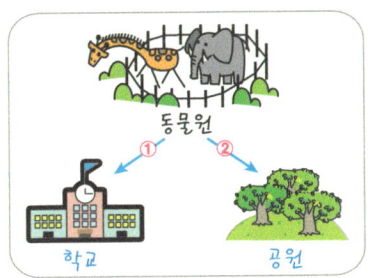
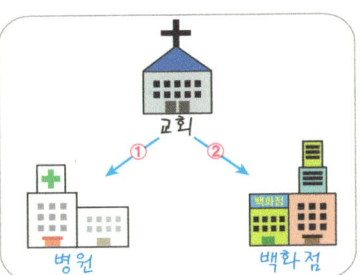
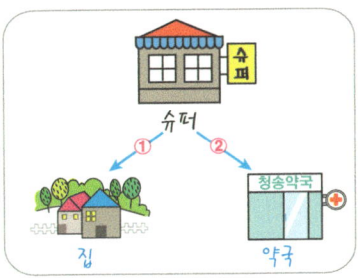

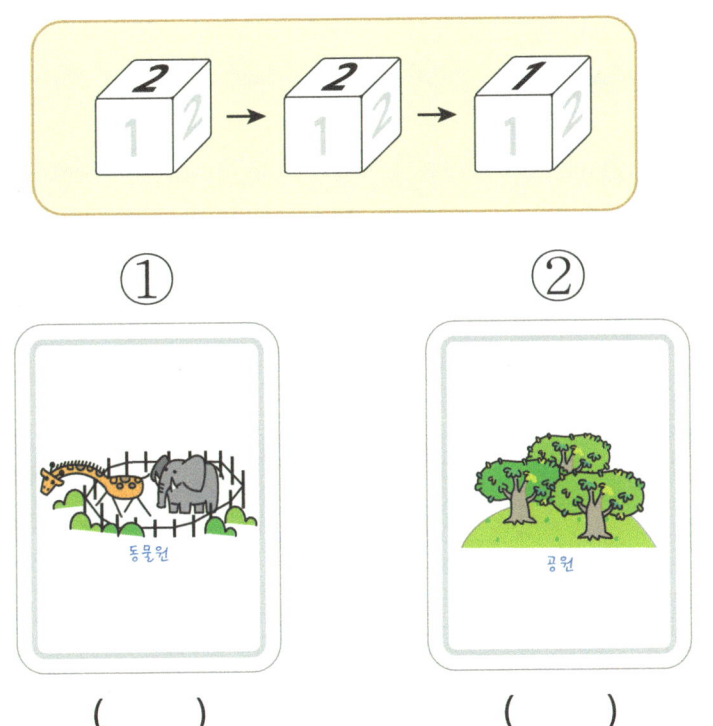

①   ②

( )   ( )

● 첫번째 카드에서 출발하여 아래 주사위눈이 나온 순서대로 갔을 때 도착한 카드에 ○표 하시오.

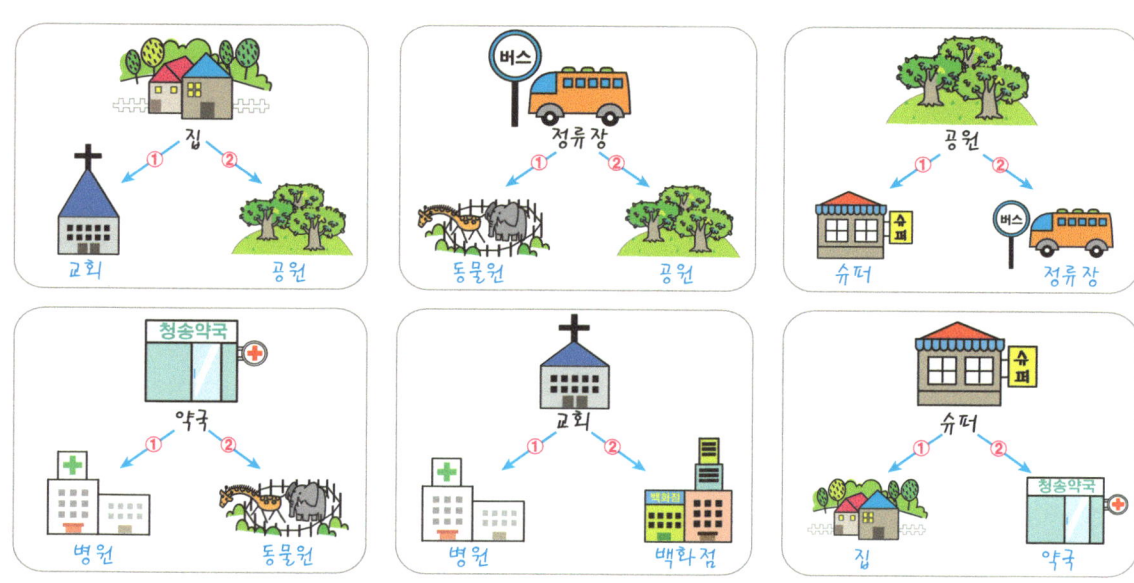

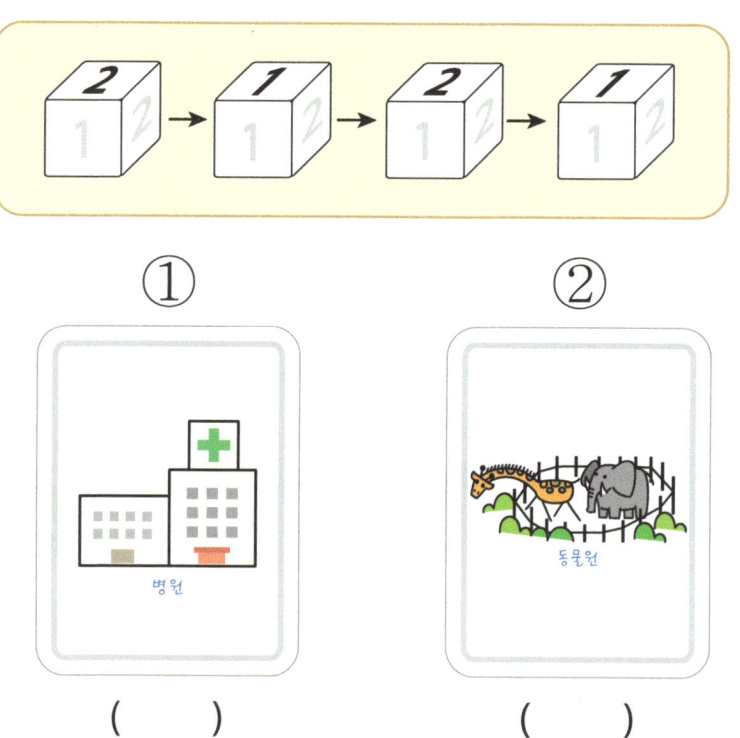

① ②

( )　　　　　( )

● 첫번째 카드에서 출발하여 아래 주사위눈이 나온 순서대로 갔을 때 도착한 카드에 ○표 하시오.

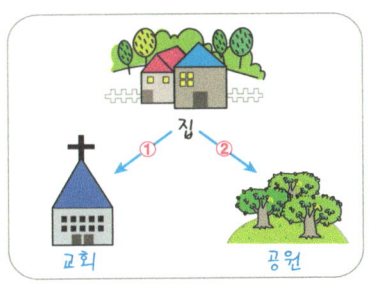 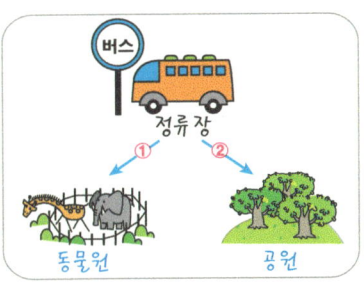 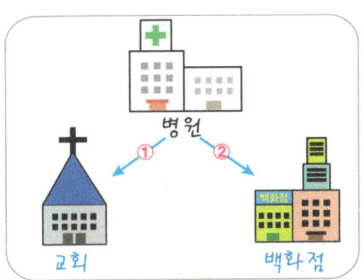

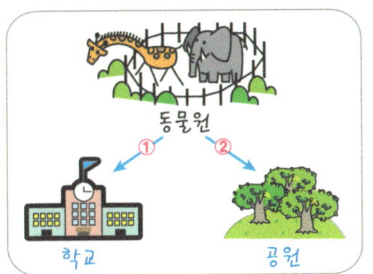 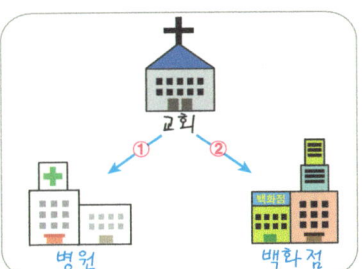 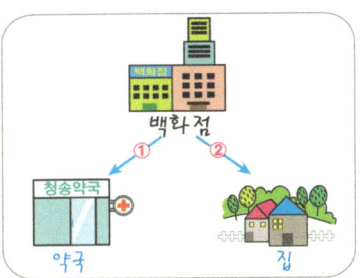

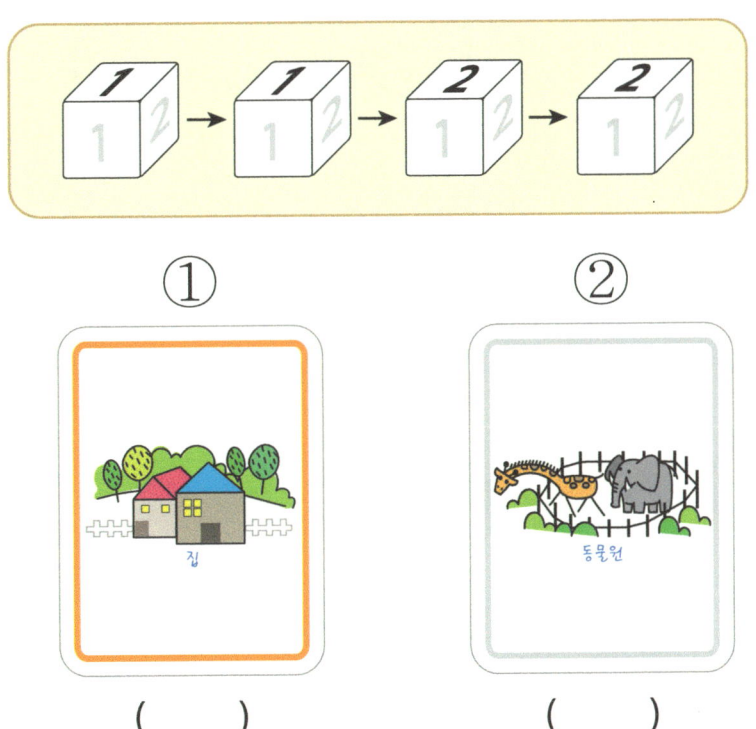

● 첫번째 카드에서 출발하여 아래 주사위눈이 나온 순서대로 갔을 때 도착한 카드에 ○표 하시오.

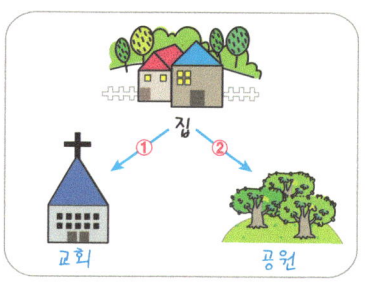
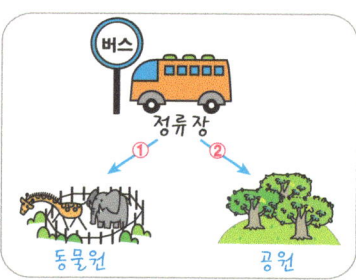
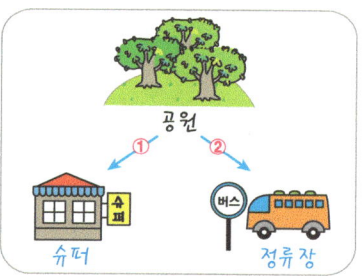

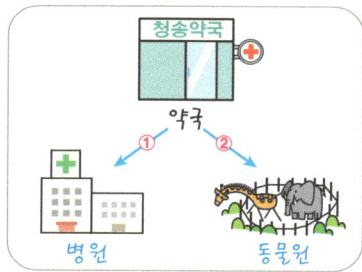
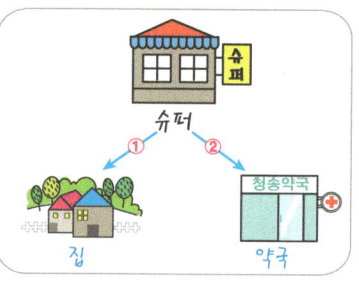

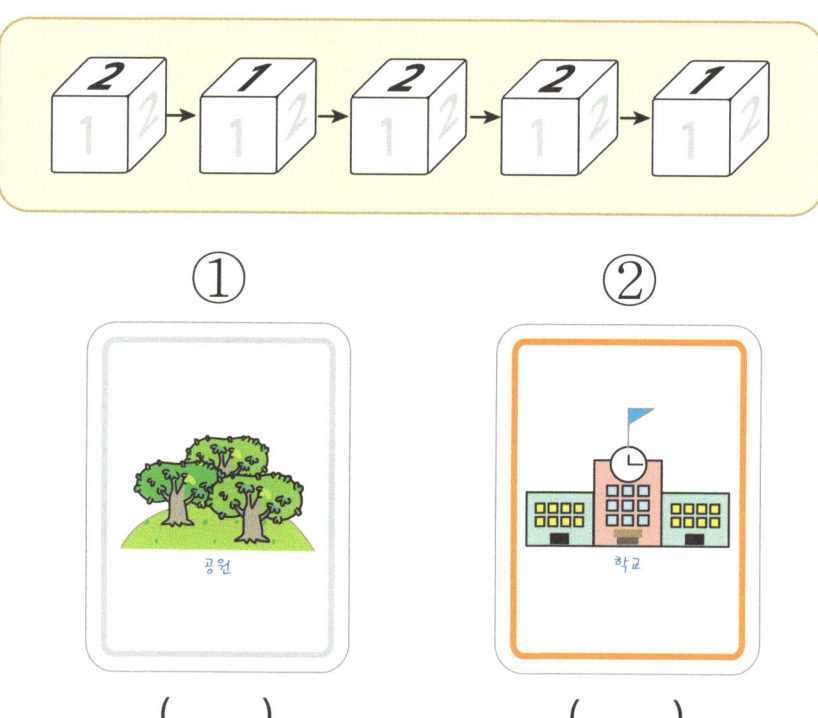

① 　　　　　　　　　　②

( )　　　　　　　　　　( )

● 첫번째 카드에서 출발하여 아래 주사위눈이 나온 순서대로 점선을 따라가 보시오.

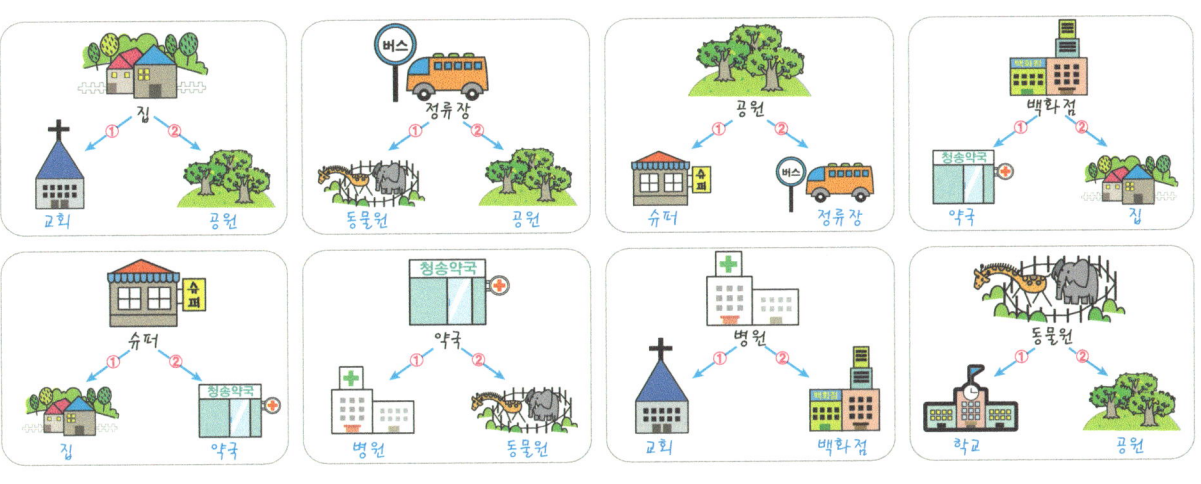

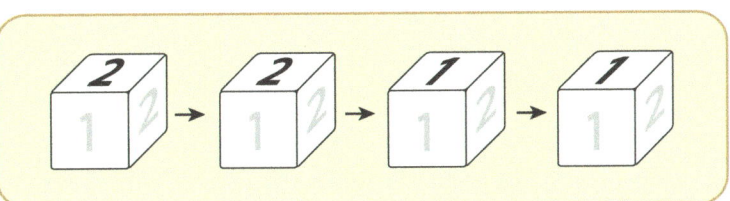

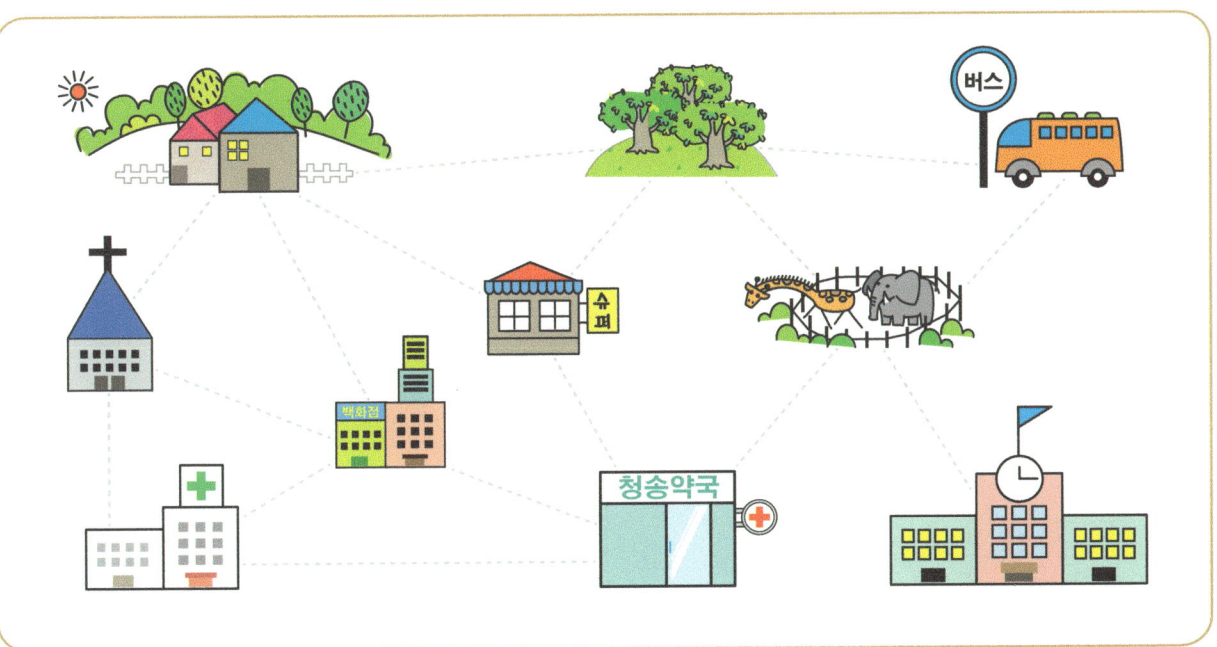

● 첫번째 카드에서 출발하여 아래 주사위눈이 나온 순서대로 점선을 따라가 보시오.

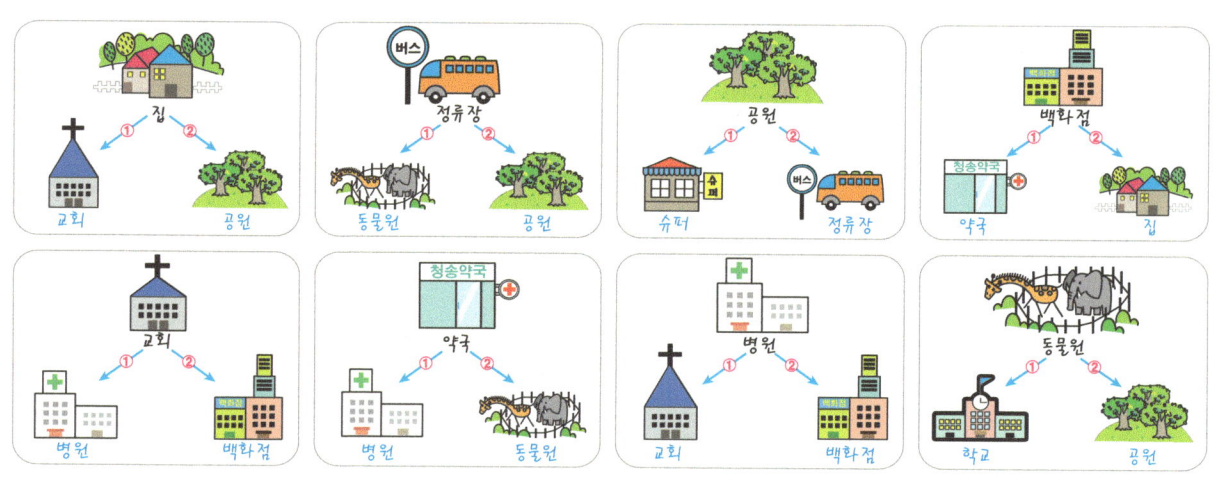

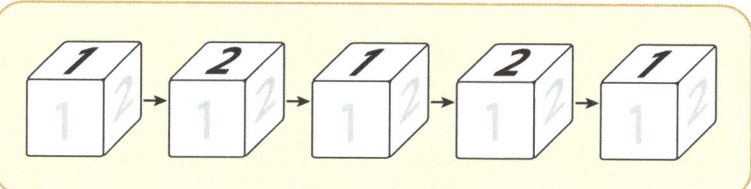

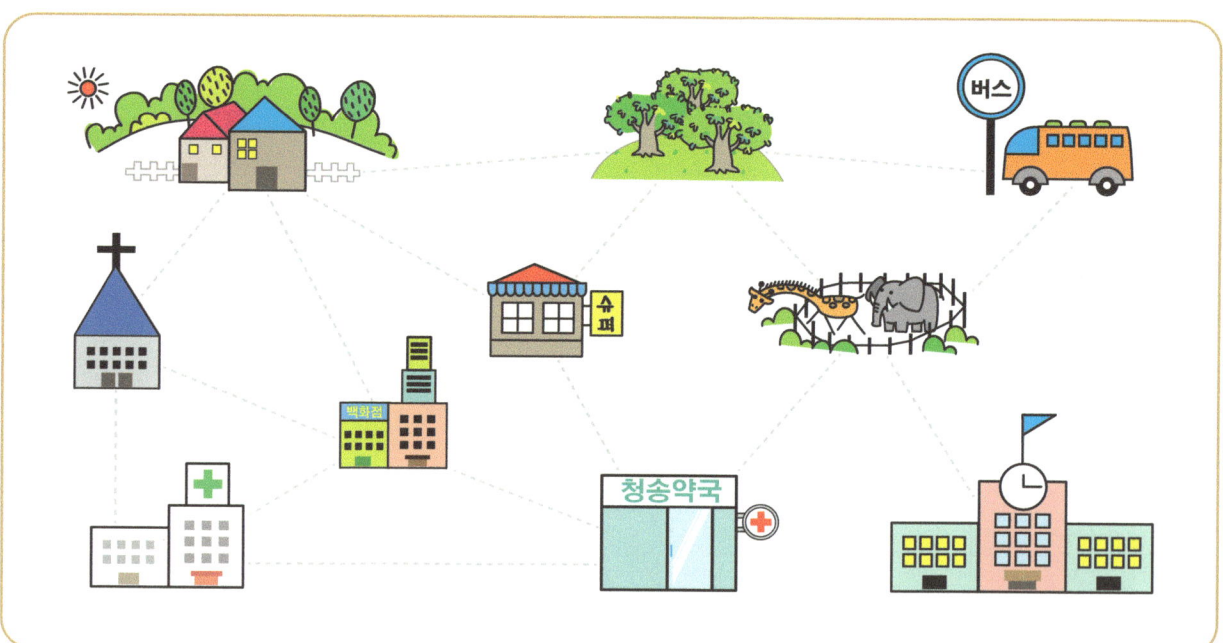

● 첫번째 카드에서 출발하여 아래 주사위눈이 나온 순서대로 점선을 따라가 보시오.

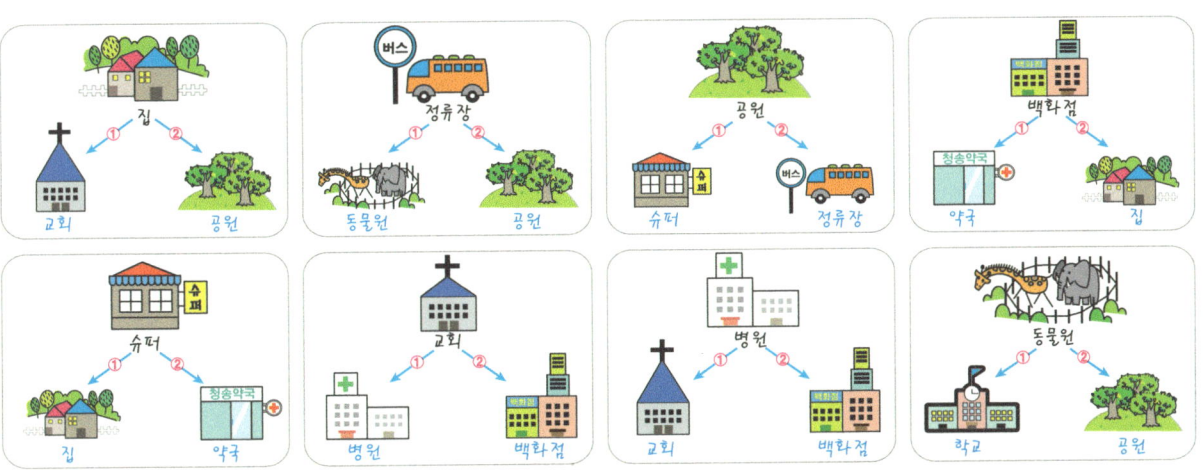

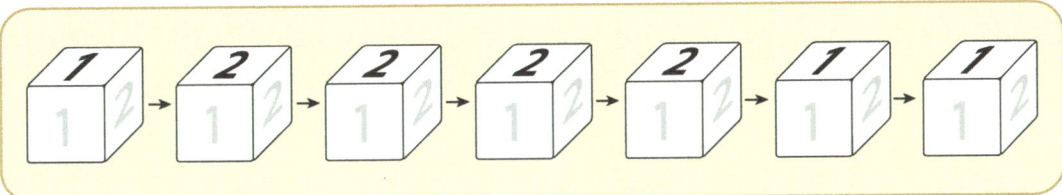

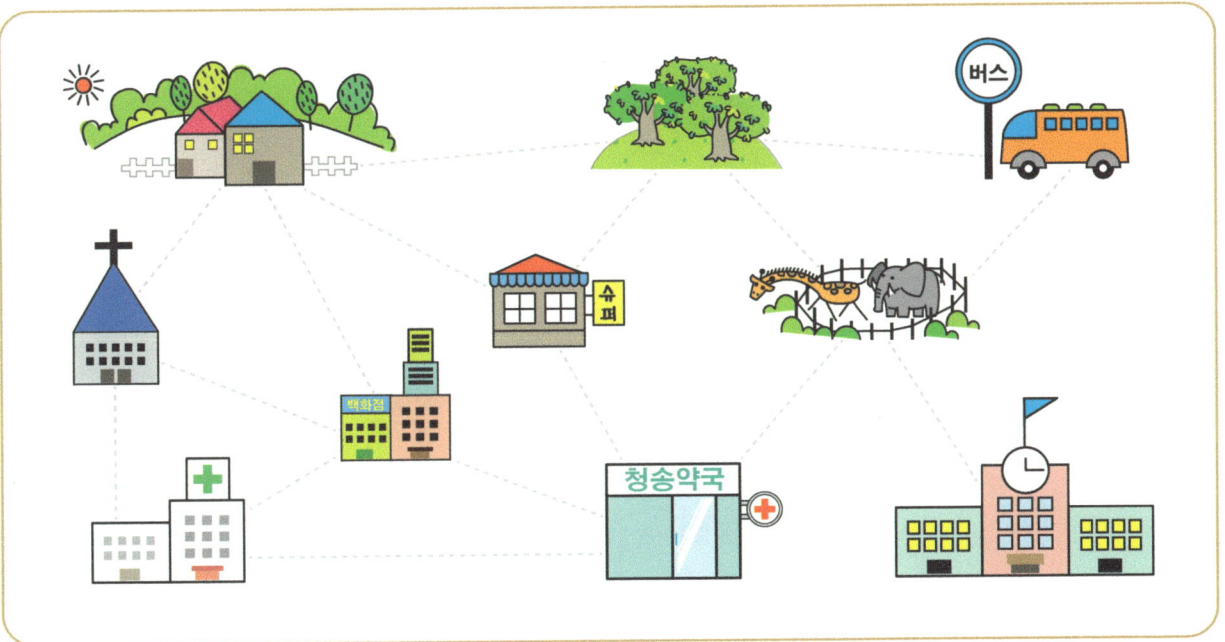

해답

3쪽	① (○)	4쪽	② (○)
5쪽	② (○)	6쪽	① (○)
7쪽	② (○)	8쪽	① (○)
9쪽	① (○)	10쪽	① (○)
11쪽	① (○)	12쪽	② (○)

14쪽

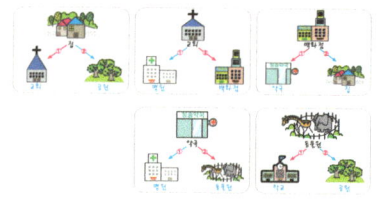

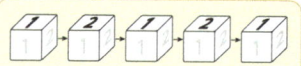

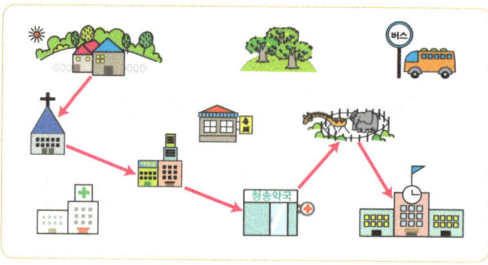

13쪽

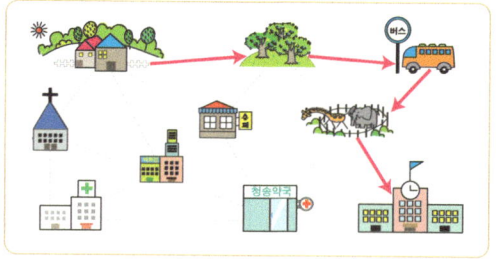

15쪽

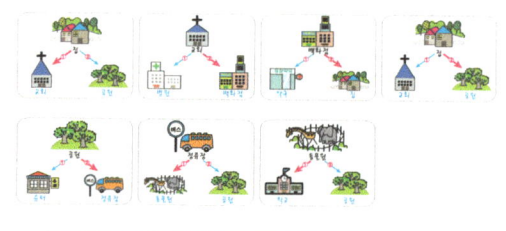

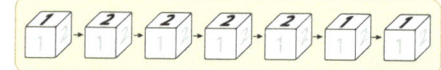

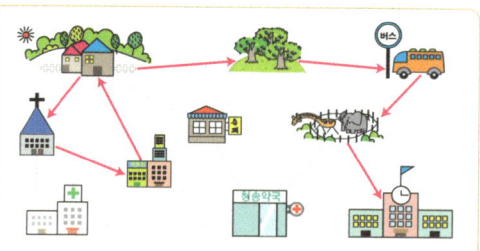

코딩 도서 목록

워크북

아주 쉬운 코딩 놀이 수학.1

1. 이진법 알기
2. 이진법 비밀 카드
3. 숫자로 그림 그리기
4. 짝수의 비밀
5. 정렬 네트워크
6. 학교 가기

아주 쉬운 코딩 놀이 수학.2

1. 바둑돌 놓기
2. 무늬 블록 돌리기
3. 암호문 풀기
4. 코딩 모양 타일
5. 순서도
6. 비행기 놀이

아주 쉬운 코딩 놀이 수학.3

1. 데이터 검색
2. 선택 정렬
3. 퀵 정렬
4. 신호 만들기
5. 전기 회로 불켜기
6. 가로등 불켜기

아주 쉬운 코딩 놀이 수학.4

1. 데이터 입력 삭제
2. 이진 트리
3. 기호 만들기
4. 데이터 줄이기
5. 최적화 네트워크
6. 안테나 설치

지침서

아주 쉬운 코딩 놀이

1. 카드 놀이
2. 숫자 놀이
3. 네트워크 놀이
4. 전략 놀이
5. 퍼즐 놀이
6. 암호 놀이
7. 순서도 놀이
8. 명령어 놀이

아주 쉬운 코딩 놀이.2

1. 검색 놀이
2. 좌표 놀이
3. 신호 놀이
4. 데이터 놀이
5. 장난감 놀이
6. 정보 놀이
7. 두뇌회전 놀이

코딩 놀이 단행본 종류

아주 쉬운 코딩 놀이는 언플러그드 활동 중심 코딩 교사 지침서입니다.

아주 쉬운 코딩 놀이 수학 1. 2는 아주 쉬운 코딩 놀이 지침서의 내용을 학생들이 쉽게 풀 수 있도록 문제 형식으로 제작한 학생용 코딩 워크북입니다.

아주 쉬운 코딩 놀이 수학 ①

워크북

1. 이진법 알기
2. 이진법 비밀 카드
3. 숫자로 그림 그리기
4. 짝수의 비밀
5. 정렬 네트워크
6. 학교 가기

아주 쉬운 코딩 놀이 수학 ②

워크북

1. 바둑돌 놓기
2. 무늬 블록 돌리기
3. 암호문 풀기
4. 코딩 모양 타일
5. 순서도
6. 비행기 놀이

코딩 놀이 단행본 종류

아주 쉬운 코딩 놀이 2는 언플러그드 활동 중심 코딩 교사 지침서입니다.

아주 쉬운 코딩 놀이 수학 3. 4는 아주 쉬운 코딩 놀이 2 지침서의 내용을 학생들이 쉽게 풀 수 있도록 문제 형식으로 제작한 학생용 코딩 워크북입니다.

아주 쉬운 코딩 놀이 수학 ③

워크북

1. 데이터 검색
2. 선택 정렬
3. 퀵 정렬
4. 신호 만들기
5. 전기 회로 불켜기
6. 가로등 불켜기

아주 쉬운 코딩 놀이 수학 ④

워크북

1. 데이터 입력 삭제
2. 이진 트리
3. 기호 만들기
4. 데이터 줄이기
5. 최적화 네트워크
6. 안테나 설치

코딩보드게임 제품종류

① 카드놀이

이진법 카드놀이
- 숫자 타일
- 숫자 카드
- 점 카드

이진법 비밀 카드
- 비밀 카드

숫자 가리기놀이
- 숫자판
- 숫자 가리기 놀이판

숫자 퍼즐놀이
- 1~9숫자 블록

② 숫자놀이

숫자로 그림그리기
- 코딩 놀이판
- 블록
- 숫자로 그림그리기 카드

짝수의 비밀
- 코딩 놀이판
- 양면 코인

리버시 게임
- 코딩 놀이판
- 양면 코인

마음속의 숫자
준비물 없음

③ 네트워크 놀이

정렬 네트워크
- 워크북
- 놀이판
- 숫자타일

학교가기
- 워크북
- 학교가기 카드
- 주사위

강 건너기
- 강건너기 놀이판
- 강건너기 말
- 놀이배

④ 전략놀이

바둑돌 놓기
- 바둑돌 놓기 놀이판
- 바둑돌
- 바둑돌 놓기 카드

바둑돌자리바꾸기
- 바둑돌
- 바둑돌 자리바꾸기 놀이판

님 게임
- 놀이말

코딩보드게임 제품종류

퍼즐놀이

무늬블록 돌리기

무늬 블록

무늬 블록 카드

9조각 퍼즐
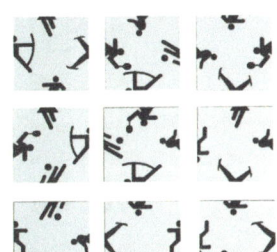
퍼즐 9조각

3D입체영상

3D입체 영상 책자

3D입체 안경

암호놀이

암호문 만들기
암호판
T조각 직선 조각
구멍난 암호판 암호 종이
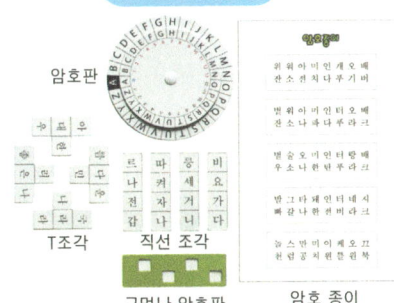

코딩 모양 타일

모양타일
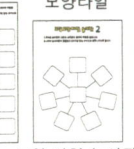

모양 타일 놀이판

순서도놀이

순서도 놀이판

순서도 카드
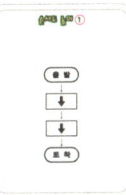

놀이말

명령어놀이

비행기 놀이
명령어 놀이 1단계

코딩 놀이판
비행기 코딩카드 비행기 코딩 블록

공 놀이
명령어 놀이 2단계

코딩 놀이판

공놀이 코딩카드 공 코딩 블록

개미 놀이
명령어 놀이 3단계
코딩 놀이판
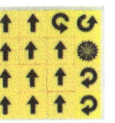
개미 코딩카드 개미 코딩 블록

코딩보드게임 제품종류

①  검색놀이

②  좌표놀이

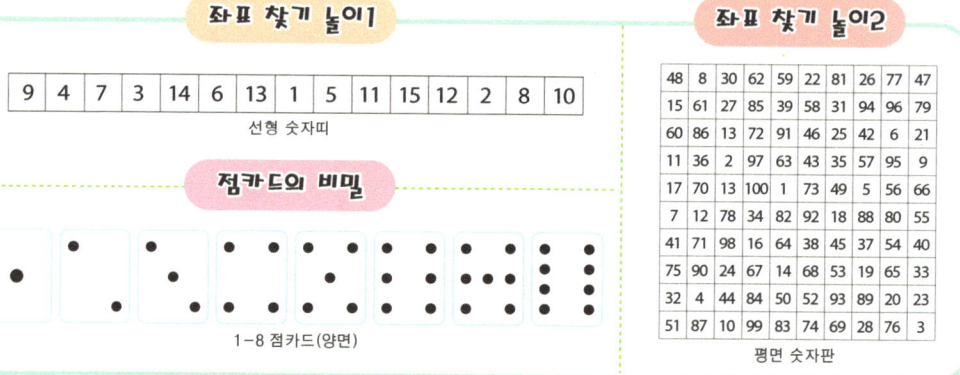

③  신호놀이

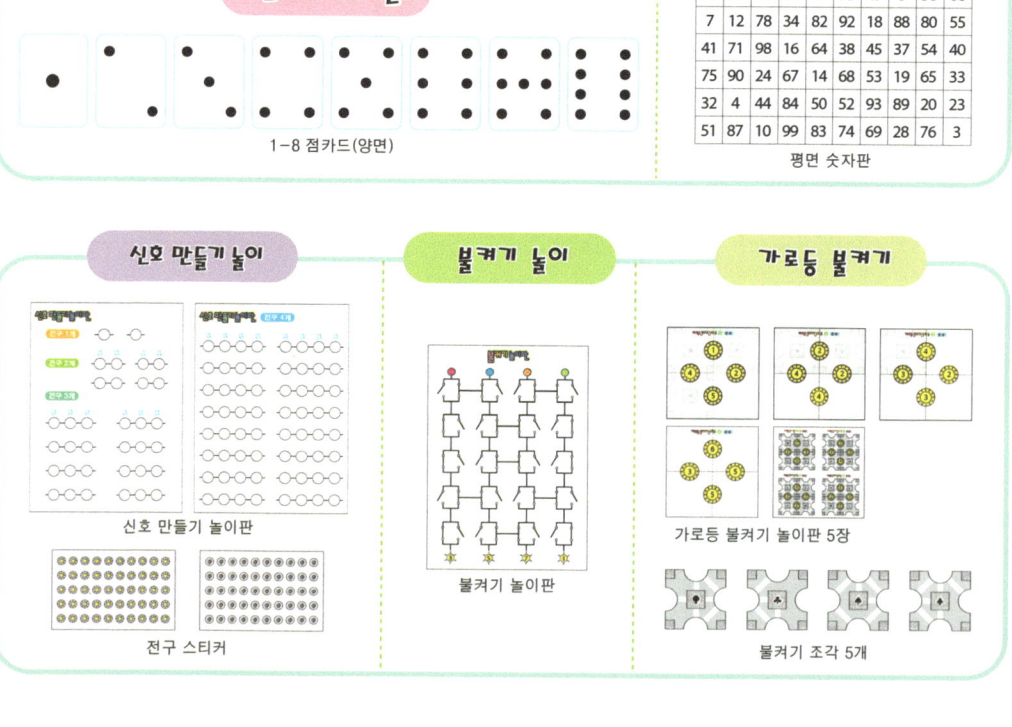

코딩 보드게임 제품종류

데이터 놀이
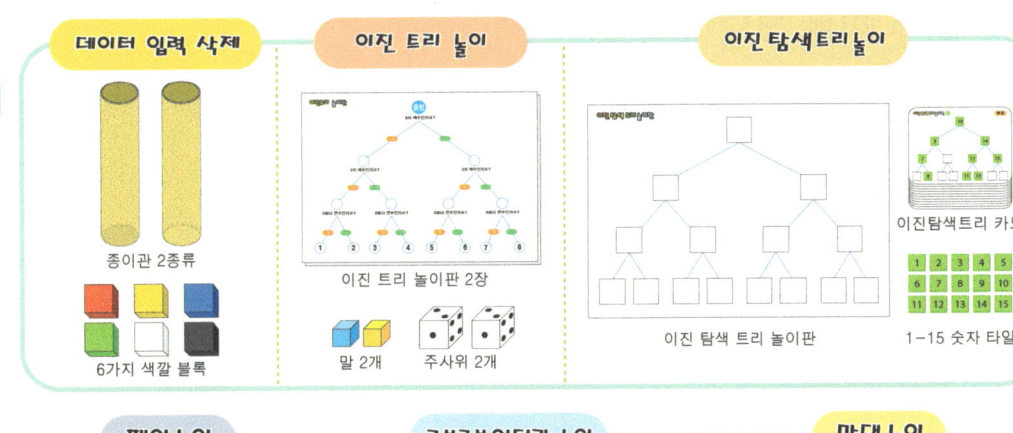

장난감 놀이

정보 놀이
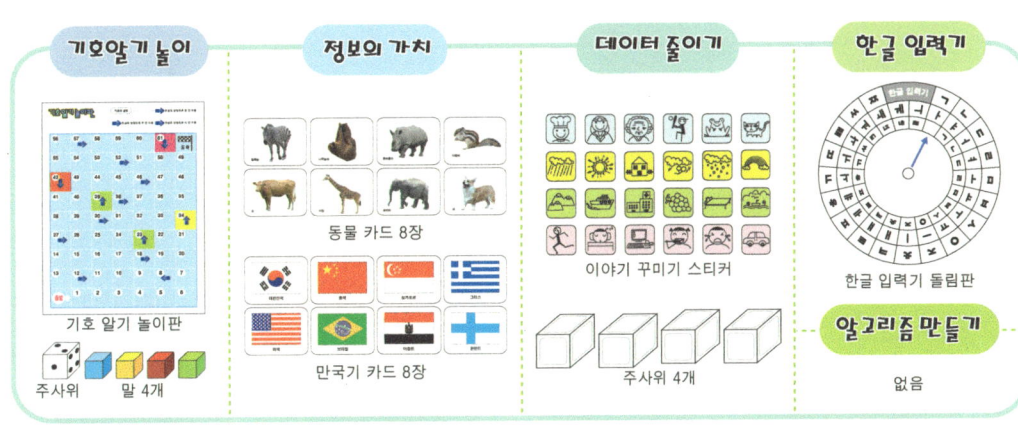

두뇌회전 놀이

아주 쉬운 코딩 수학 놀이 . 1

초판 발행일 : 2017년 12월 20일

지은이 : 한버공
펴낸 곳 : 청송문화사
　　　　　서울시 중구 수표로 2길 13
홈페이지 : www.edics.co.kr
E-mail : kidlkh@hanmail.net
전화 : 02-2279-5865
팩스 : 02-2279-5864
등록번호 : 2-2086 / 등록날짜 : 1995년 12월 14일

가격 : 12000원

잘못 인쇄된 책은 서점이나 본사에서 바꿔 드립니다.
ISBN : 978-89-5767-326-3
ISBN : 978-89-5767-325-6(세트)

본 교재의 독창적인 내용은 저작권법에 의하여 보호받고 있습니다.